Balthus
Erinnerungen

BALTHUS
ERINNERUNGEN

Aufgezeichnet von Alain Vircondelet

Aus dem Französischen
von Claudia Steinitz

*Ich sagte zur Schönheit,
nimm mich in deine Arme der Stille.*

Aragon

DER MALER IM SPIEGEL

*»Die Toten
sind diskret
Sie ruhen
ungestört ...«*

schrieb Jules Laforgue. Verzeihen Sie mir, Balthus, dass ich Ihren Schlaf störe. Die Ewigkeit ist so lang, ihr Weg so ungewiss, dass ich diese Zeilen lieber meinem Schutzengel anvertraue. Möge er sie Ihnen an dem Tag übergeben, da dieses Buch erscheinen wird.

Heute, am 24. Februar 2001, bin ich neben Ihrer Frau, Ihrer Tochter und Ihren Söhnen dem Bauernkarren gefolgt, der Ihren Sarg von der winzigen Kirche in Rossinière, wo sich die Kardinäle drängten, zu dem kleinen, am Vortag gekauften Stück Land brachte, das mit Ihrem Körper gedüngt werden soll. Ich dachte an die Beisetzung von Victor Hugo, der ebenfalls den Leichenwagen der Armen gewählt hatte, um zu seiner letzten Ruhestatt zu gelangen.

Eines Tages werden die Kinder des neuen Jahrtausends ihren Blick auf die Malerei unserer Zeit richten und sie werden erstaunt feststellen, dass das 20. Jahrhundert, dessen Ruhm so viele Schulen begründeten, von zwei Einzelgängern dominiert wurde: Balthus und Picasso.

Picasso zwang den Menschen eine neue Vision der Welt auf, er zerstörte und erschuf neu, was der Schöpfer uns gegeben hatte, verwandelte seinen Namen in den Namen einer Gattung.

Balthus, Liebhaber der Reinheit und der Ambiguität, besiegte den äußeren Schein der Dinge und ging darüber hinaus. Nach Masaccio und Piero della Francesca – den er besonders liebte – wurde er zum Maler der Seele.

Um diese mysteriöse Immaterialität darzustellen, die mit der Zerbrechlichkeit eines von der Hellsichtigkeit des Geistes und der Blindheit der Sinne bewohnten Körpers verbunden war, erschufen die großen Italiener aus dem Nichts himmlische Geschöpfe, die von Luzifer gepeinigt wurden. Balthus zog junge, knospende Mädchen vor, Opfer der zerreißenden und köstlichen Verwirrungen der Pubertät.

Haben Engel ein Geschlecht? Haben sie zwei wie Teiresias? Balthus kümmerte sich nicht um diesen byzantinischen Streit und verwandelte ihre geflügelte Leichtigkeit in eine verstörende Reglosigkeit, eindringlicher als die Bewegung. Es gibt niemals ein Augenzwinkern bei Balthus, sondern nur den Schwung eines leidenschaftlichen und empfindsamen Herzens.

Wenn seine jungen Mädchen aus Unachtsamkeit kaum wahrnehmbar die Beine öffnen, so geschieht es, um die geheiligte Muschel zu feiern, die der Ursprung der Welt ist. Seine Kunst ist eine Religion, in der die Sünde nicht gottlos ist, und oft erinnert er daran, dass die göttliche Botschaft für Kinder unzugänglich bleiben muss. Der Vater hat das Fleisch, seine Gelüste, seine Versuchungen, seine Verdammnis so wenig verachtet, dass er Seinen Sohn daraus geformt und den Menschen ausgeliefert hat. Das Begehren ist der Atemhauch der Seele, die Balthus im Blick seiner Modelle enthüllte.

Wenn die Melancholie wie Schnee auf das unter Wind und Reif begrabene Grand Chalet niederfiel, hielt Balthus endlos lange meine Hand, um seine zu wärmen. Diese Endlosigkeit erschien mir kurz. Dieser Entführer der Wärme qualmte Zigarette um Zigarette und ließ mich mit seiner gebrochenen Stimme an seinen Geheimnissen teilhaben: »Ich weiß nicht«, sagte er wenige Tage vor seinem Tod, »ob ich Ihnen von meiner Begegnung mit Antonin Artaud erzählt habe, Maître Paul.« So pflegte er mich zu nennen.

Ohne meine Antwort abzuwarten, fügte er hinzu: »Wissen Sie, was seine ersten Worte waren? ›Balthus, Sie sind mein Double!‹« Ich höre noch sein ersticktes Lachen, während die Katzen neben seinem Kopfkissen leise schnurrten. Er fuhr fort: »Wir ähnelten uns tatsächlich. Wir teilten dieselbe Liebe für die Freiheit, dieselbe Leidenschaft für jene glühende Vernunft, die Apollinaire so teuer war. Ich habe versucht, sie in meine Bilder zu übertragen.«

Dann wurde seine Hand in meiner schwer, Balthus schlief ein.

Die Entdeckung Artauds prägte ihn weit über die Bühnenbilder zu *Cenci* hinaus, die er auf Bitten des Dichters schuf. Der Eremit von Rossinière und der Momo des *Vieux-Colombier* stellten sich beide in den Dienst einer grausamen und glühenden Schönheit. Aus Jüngern wurden Prediger.

Sie kamen mit der Gruppe der Surrealisten und deren traumbesessenen Vertretern in Berührung. Doch sie lehnten es ab, sich den Bullen und Enzykliken des Papstes Breton zu unterwerfen, weigerten sich, mit jenem beispiellosen kindischen Kreis zu verschmelzen und durch ein Labyrinth zur Freiheit zu gelangen. Die Bedeutung des Surrealismus lag weniger darin, dass man sich ihm anschloss als dass man ihm abschwor. Die Bewegung verdankt ihren Deserteuren mehr als ihren Veteranen. Breton war ihr Boileau, seine *Manifeste* deren *Dichtkunst*.

Balthus bediente sich – im Unterschied zu Dalí und sogar zu Magritte – nie des Surrealismus als Hilfsmittel oder zur eigenen Aufwertung. Er nahm dessen Botschaft an und verwandelte sie; kurz, er blieb stets er selbst, unerreicht in seiner Art. Manieriertheit und kitschiger Kundenfang waren ihm fremd. Seine wissende und verträumte Malerei ignoriert die Vorsätzlichkeit. Er will nicht blenden, er verzaubert; will nicht stören, er bestürzt; will nicht provozieren, er begeistert. Indem er die Anmut zum Spiegel der Schamlosigkeit macht, bietet er dem Alltäglichen sein neu zusammengesetztes Licht, seine erd- und hautfarbenen Töne.

Balthus ist kein Regisseur, er ist ein Kunsthandwerker, der die Stille zur Ader lässt, ein Dichter, der sich über die Schicklichkeit hinwegsetzt. Er verwandelte die Erotik in einen Choral, zur Enttäuschung der Voyeure und Schaulustigen.

Als ich ihn zum ersten Mal traf, geschah ein Wunder. Zwischen dem Greis, der jung war wie die Liebe, und dem alten jungen Mann, der ich war und noch eine Zeit lang zu bleiben hoffe, erwachte eine starke, frische Freundschaft, die sich nicht um die Zeit scherte. Ich gab ihm meine mageren Reichtümer, er ließ mich an seinen Schätzen teilhaben. Er erlaubte mir, ihm beim Malen zuzusehen und lehrte mich, im begrenzten Raum eines Bildes das Unsichtbare wahrzunehmen.

Wer wird mir die Hand und den Blick von Balthus ersetzen?

Der Bauernkarren hat seinen Weg beendet. Wir stehen vor dem Grab: Stanislas, der Alchimist, Thadée, der Ästhet, Harumi, die schöne Schmuckspinnerin, Setsuko, die Malerin der goldenen Kirschbäume. Bald wird der Sarg unter einem Rosenregen verschwinden.

Ich, der ich die Zerrissenheit so vieler Maler erlebt habe, sage mir, dass diese Einheit, diese Ruhe, dieser Frieden Balthus' letzte Meisterwerke waren.

Peking, August 2001　　　　　　　　*Paul Lombard*

ANMERKUNGEN DES HERAUSGEBERS

Der Maler Balthus hätte sich gewünscht, dass seine *Erinnerungen* zu seinen Lebzeiten erscheinen. Obwohl der Text vor seinem Tod in großen Teilen abgeschlossen war, wollten wir dennoch auch die letzten Aussagen berücksichtigen, die er wie alle anderen Alain Vircondelet diktiert hatte, der ihnen eine möglichst getreue Form geben sollte.

Wir danken seiner Gattin, Gräfin de Rola, und seinen Kindern, die sich der Bedeutung dieses Zeugnisses bewusst waren und sich wünschen, dass die Welt davon Kenntnis erhalten und darauf antworten möge.

Sehr herzlich danken wir auch Alain Vircondelet, der während seiner Aufenthalte im Chalet von Rossinière akribisch und voller Leidenschaft die Sätze und Bemerkungen des Malers festhielt und dem Text mit größtem Respekt beggenete, der nunmehr und für die Ewigkeit zu einem der größten Meister der Malerei des 20. Jahrhunderts gehört.

HINWEIS FÜR DEN LESER

Man muss Balthus' *Erinnerungen* wie ein Vermächtnis lesen, seine letzten Worte, ausgesprochen am Ende eines Lebens, das ein Jahrhundert durchquert hat. Sie wurden in einem Atemzug gehaucht, mit der Vergänglichkeit eines Atemzuges, der allmählich schwächer und dennoch von der Jugend unbeschädigter Erinnerungen beherrscht wurde, als bestärke ihr Auftauchen das Leben, als erneuere es seine Energien.

Diese *Erinnerungen* sind das Ergebnis einer zweijährigen Arbeit, in deren Verlauf Balthus sich öffnete, wie er es in seinem Leben nur selten getan hatte. Es war eine Begegnung mit der Vergangenheit, die ihn begeisterte und sehr glücklich machte. Er wollte, dass man sie als Lebenslektion auffasste, die letzte Lehre eines Malers, der dachte, wie Péguy es formulierte, dass »nur die Tradition revolutionär« und modern sei.

Alain Vircondelet

1

Man muss lernen, das Licht zu beobachten. Seinen Schwingungen zu folgen. Seiner Flucht, seinem Wandel. Gleich am Morgen, nach dem Frühstück, wenn man die Post gelesen hat, muss man den Zustand des Lichtes ergründen, um zu wissen, ob es an diesem Tag möglich sein wird zu malen und tiefer in das Mysterium des Bildes einzudringen. Ob das Licht im Atelier helfen wird, sich diesem Mysterium anzunähern.

In Rossinière ist alles unverändert geblieben. Wie in jedem echten Dorf. Ich habe meine ganze Kindheit am Fuße der Alpen verbracht. Vor den braunen, düsteren Tannenwäldern von Beatenberg, im reinen Weiß des Schnees. Eigentlich haben wir uns wegen meiner Sehnsucht nach den Bergen hier niedergelassen. Rossinière hilft mir voranzukommen. Zu malen.

Denn darum eben geht es, zu malen. Ich könnte, ohne maßlos zu erscheinen, fast sagen: ganz allein darum.

Hier hat sich gleichsam Frieden ausgebreitet. Die Kraft der Gipfel, das Gewicht des Schnees ringsum, seine weiße Schwere, die Beschaulichkeit der Chalets auf den Almen, das Läuten der Kuhglocken, die Regelmäßigkeit der kleinen Bahn, die sich durch die Berge schlängelt, alles verleitet zur Stille.

Man muss also den Zustand des Lichtes prüfen. Dieser Tag wird das Bild voranbringen, das seit so langer Zeit unterwegs ist. Vielleicht nur ein einziger Farbstrich und die lange Meditation vor der Leinwand. Nur das. Und die Hoffnung, das Mysterium zu zähmen.

2

Das Atelier ist der Ort der Arbeit, mehr noch der Mühsal, der Ort des Berufes. Es ist wesentlich. Hier sammle ich mich, es ist wie ein Ort der Erleuchtung. Ich erinnere mich an das Atelier von Giacometti. Magisch, vollgestopft mit Gegenständen, Materialien, Papier. Und dieser Eindruck, den Geheimnissen nah zu sein. Ich empfinde viel Bewunderung und Respekt, auch Zuneigung für Giacometti. Er war ein Bruder, ein Freund. Deshalb habe ich dieses Foto von ihm, ich weiß nicht, wer es gemacht hat und woher es kommt, aber ich arbeite hier in Albertos Schatten, unter seinem wohlwollenden, Halt gebenden Blick.

Man müsste den Malern von heute sagen, dass sich alles im Atelier abspielt. In der Langsamkeit seiner Zeit.

Ich liebe die Stunden, die ich damit verbringe, die Leinwand anzuschauen, vor ihr zu meditieren. Unvergleichlich sind diese Stunden in ihrer Stille. Der große Ofen bullert im Winter. Vertraute Ateliergeräusche. Die Pigmente, die Setsuko mischt, das Streichen des Pinsels über die Leinwand, alles kehrt zur Stille zurück. Bereitet das Erscheinen der in ihrem Geheimnis ruhenden Formen auf der Leinwand vor, die oft kaum angedeuteten Veränderungen, die das Bildmotiv umkippen lassen in etwas anderes, Unbegrenztes, Unbekanntes. Vor der großen Glasfront des Ateliers der schützende Anblick der Gipfel. Von meinem Schloss Montecalvello sieht man in der Tiefe der Landschaft den Cimino und seine Wege mit den schwarzen Tannen, die den Bergen Halt geben. Es ist immer dieselbe Geschichte von Kraft und Mysterium, die sich hier oder dort abspielt. Wie eine ihrer eigenen Nacht geöffnete Welt. Und ich weiß, man muss in ihr verweilen, um zu erschaffen.

3

Die Vorstellung von der Zeit als etwas, das man zähmen und formen muss, verwirklicht sich für mich in dem Versuch, ihr Sinn zu entlehnen. Dank der Zeit, die man dem Gemälde gibt, zur möglichen Offenbarung gelangen. Voller Hoffnung sein, sie zu finden. In dieser Verfassung. In dieser Haltung. Mein Werk entwickelt und entwickelte sich stets unter dem Siegel des Spirituellen. Deshalb erwarte ich viel vom Gebet. Es verlangt danach, einen auf den richtigen Weg zu führen. Ich bin ein glühender Katholik. Die Malerei ist eine Möglichkeit, Zugang zum Geheimnis Gottes zu erlangen. Ein paar Lichtstrahlen seines Reiches aufzufangen. Darin liegt keine Eitelkeit. Eher Demut. Sich in die Lage versetzen, einen Lichtfunken zu erhaschen. Ich liebe Italien aus eben diesem Grund. Ich habe dieses Land schon sehr früh besucht, mit fünfzehn oder siebzehn Jahren, und ich habe es sofort geliebt, die Freundlichkeit der Menschen, die Sanftheit der Landschaften. Ich habe Italien immer als vergeistigtes Land empfunden. Erfüllt von Geist. Was sich unserem Blick von allen Fenstern in Montecalvello bietet, ist ein Gemälde. Ein Gemälde oder ein Gebet, das ist dasselbe: endlich erfasste Unschuld, der Katastrophe der verstreichenden Zeit entrissene Augenblicke. Eingefangene Unsterblichkeit.

Ich bin dafür bekannt, mitunter zehn Jahre an einem Bild zu malen. Ich weiß, wann es fertig ist. Das heißt, wann es vollendet ist. Wenn kein Strich, keine Spur von Farbe die endlich erreichte Welt, den endlich empfundenen geheimen Raum mehr korrigieren darf. Ende des langen Gebets, das lautlos im Atelier gesprochen wurde. Ende der schweigenden Betrachtung. Eine mögliche Form der Schönheit ist berührt.

4

Ich bestehe sehr auf dieser Notwendigkeit des Gebets. Malen, wie man betet. Auf diesem Weg Zugang zur Stille, zum Unsichtbaren der Welt erlangen. Da es meist Schwachköpfe sind, die produzieren, was man zeitgenössische Kunst nennt, Künstler, die nichts von Malerei verstehen, bin ich nicht sicher, ob man diesem Gedanken aufmerksam folgen oder mich verstehen wird. Unwichtig. Die Malerei genügt sich selbst. Um sie auch nur ein wenig zu berühren, muss man sie geradezu rituell in sich aufnehmen. Ergreifen, was sie wie eine Gnade gewähren kann. Ich kann mich nicht von diesem religiösen Vokabular lösen, ich finde nichts Treffenderes, nichts, das näher wäre an dem, was ich sagen will. Durch diese Heiligkeit der Welt, diese Hingabe, demütig und bescheiden, aber auch dargeboten wie ein Opfer, das Wesentliche erreichen.

Man müsste immer in diesem Zustand malen. Die Bewegungen der Welt, ihre Leichtigkeit und ihren Taumel fliehen. Mein Leben begann in größter Armut. Mit einem hohen Selbstanspruch und starken Willen. Ich erinnere mich an meine einsamen Tage im Atelier in der Rue de Furstenberg. Ich kannte Picasso und Braque, die ich oft traf. Sie empfanden viel Sympathie für mich. Für den untypischen jungen Mann, der ich war, anders, Bohemien und Wilder. Picasso kam mich besuchen. Er sagte zu mir: »Du bist der einzige Maler deiner Generation, der mich interessiert. Die anderen wollen Picasso machen. Du niemals.« Das Atelier lag weit oben in der fünften Etage. Man musste mich wirklich besuchen wollen. Es war ein seltsamer Ort, ich lebte fernab der Welt, versunken in meine Malerei. Ich glaube, ich habe immer so gelebt. Mit demselben Anspruch, ja, mit dieser offenkundigen Genügsamkeit. Ich liege auf dem Kanapee vor den Fenstern des Chalets, durch die die Vier-Uhr-Sonne hereinscheint. Mein Sehvermögen erlaubt mir nicht immer, die Landschaft zu erkennen. Allein der Zustand des Lichtes befriedigt mich. Die Transparenz, verstärkt durch den Schnee, welch blendende Erscheinung. Den Durchdringungsprozess des Lichtes nachbilden.

5

Ich weiß nicht, durch welche geheimnisvolle, gewiss göttliche Analogie die Landschaft hier, die Alpengipfel, das Chalet mich an China erinnern. Ich habe China entdeckt, als ich in einem Buch über Malerei blätterte. Seine Landschaften waren mir sogleich vertraut, einleuchtend. Als meine Frau Setsuko und ich nach all den glücklichen und arbeitsreichen Jahren in Rom, in der Villa Medici, das Chalet in Rossinière kauften, wussten wir, dass dieser Ort für uns geschaffen war, dass er wohl an einem Punkt des Zusammentreffens, der Vereinigung zwischen den Landschaften der chinesischen oder japanischen Malerei und denen der klassischen französischen Malerei lag. Hier im Pays d'En Haut fanden wir vor allem ihre Art zu sein und zu verschwinden, die wunderbare Spontaneität, die von ihnen ausgeht, den Eindruck von Natürlichkeit wieder.

Ich habe die Vertrautheit, die mich mit Rossinière verbindet, immer verstanden. Es gibt etwas, das die Gesetze der universellen Harmonie berührt. Ein Gleichgewicht zwischen den Massen und vor allem etwas Fließendes der Luft, eine Lichtqualität, die jedes Ding in ursprünglicher Klarheit deutlich hervortreten lässt. Deshalb mag ich die Werke der italienischen Renaissancemaler und der Chinesen und Japaner so sehr. Ihre Malerei ist geheiligt, sie nimmt es auf sich, jenseits der

Erscheinungen und der sichtbaren Formen das Unsichtbare der Dinge, ein Seelengeheimnis zu finden. Es gibt keinen Unterschied zwischen Piero della Francesca und einem fernöstlichen Meister. Ebenso wenig besteht ein Unterschied zwischen ihren Landschaften und der, die ich vor meinen Fenstern sehe: derselbe Nebel, der an manchen Abenden vor Einbruch der Nacht herabsinkt, derselbe Drang zum Himmel, dieselbe Ewigkeit. Diese Wahlverwandtschaft geht auf die Kindheit zurück, als ich die Novelle eines chinesischen Schriftstellers illustrierte. Rilke, in dessen Nähe ich lange gelebt habe, war erstaunt darüber, sah jedoch in dieser Wahl ein glückliches Omen, die Vorliebe für einen bestimmten Blick, eine besondere Art zu sehen. Malerei gibt es allein in diesem Übergang, im steten Hin und Her zwischen den Zivilisationen, in dieser metaphysischen Suche. Sonst gibt es keine Malerei.

6

Für Italien bewahre ich eine reine, tiefe, unschuldige Zärtlichkeit. Über das Italienische hinaus liebe ich an diesem Land, dass es sich etwas von seiner ursprünglichen Einheit, von der Frische der Anfänge bewahrt hat. So kann ich Italien auch in einer chinesischen Landschaft finden, wie ich auch in dieser die Gesetze der universellen Harmonie erkenne, die etwa ein Sieneser Meister darzustellen suchte.

Ich habe Italien in meiner Jugend bereist. 1926. Meine Mutter kam mich mit Rilke besuchen. Das sind sehr starke, sehr anrührende Erinnerungen. Rilke wusste eine große Vertrautheit zu Kindern herzustellen. Uns verband eine geheime Gnade. Er empfing mich auf seinem Gut im Wallis, inmitten der jungfräulichen Landschaften, die an die Bilder Poussins erinnern. Zweifellos ist dort meine Vorliebe für den Meister des 17. Jahrhunderts entstanden. Für seine Kunst des Gleichgewichts, dessen Spuren ich unaufhörlich wieder zu finden, dessen Geheimnis ich zu durchdringen suche. Ich habe diese Anmut in der Landschaft um Montecalvello wieder gefunden. Dieser Ort zwischen Berg und Tal, zwischen Wäldern und Terrassen, mit dem Fluss, der sich wie eine Silberschlange zwischen den Feldern windet, dieser Ort mit dem ernsten Stolz seines Schlosses und der Lieblichkeit der Bauernhäuser zu seinen Füßen enthält die Quintessenz der Weltordnung. Alles findet sich darin wieder, wohin mich mein Leben allzeit geführt hat: die chinesische Malerei, die italienischen Meister, auch Bonnard, der die geologische Strenge dieses außergewöhnlichen Ortes gemildert hätte, wo die Felshänge in der Art fernöstlicher Malerei die beschaulichen Pergolen und Holzgitter berühren, die auch ihm gefallen hätten.

Man muss diesen Punkt des Gleichgewichts der Landschaft zu erreichen wissen. Ich glaube, wenn ich ihn erreichen konnte, so auch dank jener Bereitschaft, die ich in mir hatte, jener Geduld, jener bäuerlichen Armut, die man sich aneignen muss, ohne die man zu einer falschen Naivität, einer künstlichen Unschuld gelangt, ein wenig wie bei Chagall. Das Leben im Angesicht der Alpen hat mich diese Notwendigkeit gelehrt. In der Lage sein zu warten. Bereit für diese Offenbarung. In der Hoffnung, dass sie sich enthüllt.

7

Die Tragödie des Alters schmerzt weniger, wenn sie sich im Blick des Glaubens beweist. Ich bin wie gesagt ein sehr anspruchsvoller, praktizierender Katholik. Die Heiligenbilder sind um mich, in meinem Zimmer, die Ikone von Czestochowa, die mir ein polnischer Kardinal geschenkt hat, hängt gegenüber meinem Bett. Sie bewacht, beschützt mich.

Im Februar ist mir etwas Seltsames passiert. Ich fühlte mich nicht gut. Setsuko aß unten mit meiner Tochter Harumi zu Abend. Mein treuer Liu stürzte nach unten:

»Können Sie kommen?«, bat er. »Der Graf fühlt sich schlecht.«

Setsuko ahnte, dass etwas Ernstes geschehen war. In Lius sonst so bedächtigem und beruhigendem Verhalten lag eine ungewöhnliche Spannung. Setsuko kam in mein Zimmer hinauf und fand mich reglos, nicht schlafend, nicht bewusstlos, wie sie mir später erzählte, denn die Lider zuckten, als könnte ich die Augen nicht öffnen. Alles, was ich hier erzähle, weiß ich von der Gräfin, sie war Zeugin dieses Augenblicks. Sie rief mich:

»Balthus, Balthus!«

Aber da ich abwesend war, hörte ich nichts. Sie maß meinen Puls, er war normal, schlug gleichmäßig. Sie wartete einen Moment und rief mich erneut. Keine

Antwort. Es schien sogar, als würde ich von der Beunruhigung, die rings um mich spürbar war, keineswegs gestört. Nach dreißig Minuten wurde der Arzt gerufen. Setsuko war voller Sorge, sie empfand, so erzählte sie mir später, ein seltsames Gefühl, gleichzeitig Angst und Ruhe, als geschehe etwas Übernatürliches. Nach vierzig Minuten öffnete ich endlich die Augen. Mein Blick war normal, klar, und ich erklärte sogleich: »Ich habe gerade mit Gott gesprochen. Gott hat mich zu sich gerufen. Er hat mir gesagt, dass ich noch viel zu tun hätte in meinem Leben und dass es noch nicht zu Ende sei. Gott hat mir gesagt, ich solle weiterarbeiten, und ich muss auf Gott hören.«

Dann erfüllte ein strahlendes, blendendes Licht meine Augen, ein Glanz, den ich nicht kannte, unbeschreiblich, unerklärlich.

Es war ein wunderbarer Augenblick, ich höre noch immer die Stimme, die mir sagte: »Du hast viel zu tun, und wenn der Moment gekommen ist, rufe ich dich zu mir.« Seit diesem Augenblick habe ich so etwas wie ein Licht in mir. Ich hatte große körperliche Probleme, Schmerzen beim Laufen, Bronchitis, weil der Winter hier im Tal rau und feucht ist. Zu jener Zeit war ich beunruhigt, meine Augen und meine Hände spielten mir Streiche, aber das Licht, das ich gesehen hatte, ganz und gar, in seiner Fülle, es war da, ich bin mir sicher, um den Weg zu erhellen, der ungewiss war. Und das hat mir einen noch stärkeren Glauben gegeben. Weiter auf diesem Weg gehen, dem Weg Gottes.

8

Jeden Morgen schaue ich nach dem Licht. Ich male nur bei Tageslicht, niemals bei künstlichem. Nur das Licht, das sich mit den Bewegungen des Himmels verändert, spielt mit der Oberfläche des Bildes und bestimmt seinen Aufbau.

Ich beginne ein Bild immer mit einem Gebet: ein ritueller Akt, der mir die Kraft gibt hinüberzugelangen, aus mir selbst hinauszutreten. Ich bin überzeugt, dass die Malerei eine Art des Gebetes ist, ein Weg hin zu Gott.

Zuweilen war ich in Tränen aufgelöst angesichts dieser Schwierigkeit des Bildes, nicht hinübergelangen zu können, und dann hörte ich eine göttliche Stimme, wie eine Gnade, die mir gewährt wurde, eine Stimme, die mir in meinem Innern sagte: »Rüste dich mit Mut und Standhaftigkeit«, wie es in der *Zauberflöte* heißt. Jedes Mal glaube ich diese Worte zu hören, die mich vorangehen, weitermachen lassen. Mir den Weg bis ans Ende des Lebens bahnen.

Mit zunehmendem Alter fühle ich mich weniger sicher als früher. Oft frage ich mich sogar, ob ich die Malerei nicht aufgeben sollte, weil ich finde, dass meine Bilder nicht mehr so gut sind wie das, was ich früher geschaffen habe. Aber ich könnte mich nicht dazu durchringen.

9

Malen ist gleichermaßen innere Notwendigkeit und Beruf. Man kann gar nicht oft genug wiederholen, dass die Irrwege der zeitgenössischen Malerei von diesem Fehlen der Mühsal, der auferlegten Stille herrühren. Die Malerei ist ein langer Prozess, der darin besteht, dass sich jede Farbe mit den anderen Farben zusammenfügt und mit ihnen gemeinsam den richtigen Ton hervorbringt. Die Farben existieren nur im Bezug zueinander. Wie in der Musik: wenn man einen Ton vorgibt, G-Dur oder g-Moll zum Beispiel, ändert sich alles. Sobald eine neue Farbe hinzukommt, geschieht etwas. Eine Farbe, ich wiederhole es, ist wie eine Note, sie nimmt ihre Rolle, ihr Timbre könnte ich vielleicht sagen, erst dann an, wenn es eine andere neben ihr gibt.

Ich habe dieses Wissen in der langsamen Arbeit im Atelier erworben. Inzwischen finde ich die Farben, die Nuancen ziemlich schnell. Obgleich mein Sehvermögen stark nachgelassen hat. Doch durch welches Wunder, welche Gnade sehe ich gut, wenn ich male? Oft ist die Gräfin meine Ateliergehilfin, sie bereitet sehr schwierige Mischungen zu, die mich fast immer interessieren, meist nach den Rezepturen unseres treuen Mentors Delacroix. Und langsam entfaltet sich das Bild, Tag für Tag, im Frieden von Rossinière.

Zuweilen meditiere ich lange vor der Leinwand, nehme sie in mich auf, ehe ich zu malen beginne. Zwischen uns entsteht eine große Vertrautheit, manchmal sind die Veränderungen kaum wahrnehmbar, manchmal fürchtet die Gräfin auch, ich könnte alles zunichte machen, wieder von vorn beginnen. Es ist eine unvorhersehbare Arbeit, die in einem heimlichen Einverständnis, einer geheimnisvollen Begegnung mündet.

Das Bild lehrt mich, das rasende Rad der Zeit zu verachten. Es läuft ihr nicht hinterher. Was ich zu erreichen suche, ist sein Geheimnis. Die Reglosigkeit.

10

Niemand denkt daran, was die Malerei tatsächlich ist: ein Beruf wie der des Erdarbeiters zum Beispiel oder der des Bauern. Malen ist, als würde man ein Loch in die Erde graben. Es bedarf einer gewissen körperlichen Anstrengung, die dem Ziel entspricht, das man sich gesetzt hat: Geheimnisse aufzuspüren, unkenntliche, tiefe, ferne Pfade. Aus unvordenklichen Zeiten. Das erinnert mich an die moderne Malerei, an ihr Scheitern. Mondrian habe ich sehr gut gekannt und es tut mir leid um all das, was er anfänglich schuf, sehr schöne Bäume zum Beispiel. Er betrachtete die Natur. Er konnte sie malen. Und eines Tages dann verfiel er der Abstraktion. Ich besuchte ihn mit Giacometti an einem sehr schönen Tag, gegen Abend, als das Licht gerade schwächer zu werden begann. Alberto und ich schauten auf die Herrlichkeit, die am Fenster vorbeizog. Das Spiel des Lichts in der Dämmerung. Mondrian zog die Vorhänge zu und sagte, er wolle das nicht mehr sehen …

Ich habe diese Wandlung, diese grundlegende Veränderung immer sehr bedauert. Wie auch jene Kompositionen, die die moderne Kunst später hervorgebracht hat, Kompositionen von Pseudointellektuellen, die die Natur missachteten und blind für sie wurden. Deswegen bin ich stets eisern auf meinem Weg geblieben.

Und bei der Vorstellung, dass die Malerei vor allem eine Technik ist, wie Holz sägen, ein Loch in die Wand hauen oder in die Erde graben.

11

Dasselbe gilt für die moderne Poesie. Ich verstehe nichts davon. Dabei habe ich sehr große Dichter kennen gelernt. René Char zum Beispiel, der für uns ein Held war und ein enger Freund. Ich habe ihn bis ans Ende seines Lebens oft besucht. Ich erinnere mich, dass auch Prinzessin Gaëtani, die mir eine Wohnung vermietet hatte, dem Charme von René Char erlag und mich bat auszuziehen, damit sie ihn bei sich aufnehmen konnte. Char mochte mich sehr, er widmete mir auch zwei oder drei Sammlungen und kleine Gedichte. Aber ich verstand nicht alles von seiner Leidenschaft, seinem Zorn. Eines Tages erklärte er mir, man müsse Tristan Tzara erschießen, der eine Art Terror in der Welt der Literatur verbreite …

Ich habe der modernen Poesie stets die Reinheit der großen klassischen Texte vorgezogen, Pascal zum Beispiel und vor allem Rousseau, dessen *Bekenntnisse* zu allen Zeiten mein Lieblingsbuch waren. Ich fand darin jene Klarheit und Einfachheit der Sprache, die einem auch in der großen klassischen Malerei begegnen können, jene diamantene Transparenz, die einem bei Poussin sogleich ins Auge fällt.

Die Auffassung von Malerei, die ich zeitlebens vertreten habe, ist wie gesagt völlig aus der Welt verschwunden. Die Poesie folgte der Malerei auf demselben intellektuellen, dunklen, hermetischen Weg. Aufgegeben auch die bei Mozart wahrnehmbare Klarheit, nach der Rilke so sehr strebte, diese Evidenz.

12

Mein Gedächtnis ist unversehrt. Ich erinnere mich an dieses Jahrhundert, das ich durchquert habe, an die Menschen, denen ich begegnen durfte, aber das Erinnern vollzieht sich nicht chronologisch, sondern eher analogisch. Ein Ereignis, eine Anekdote verbinden sich mit anderen, zusammen weben sie den Stoff meines Lebens. Ich dachte oft, die beste Eigenschaft, die größte Tugend bestehe darin zu schweigen, Stille einkehren zu lassen. Ich habe meine Bilder niemals interpretiert und zu verstehen versucht. Müssen sie denn unbedingt etwas bedeuten? Deshalb habe ich so selten über mein Leben gesprochen, denn ich fand es unnötig, davon zu erzählen. Statt mich selbst auszudrücken, hat es mich stets beschäftigt, die Welt durch die Malerei auszudrücken. Ohnehin verlieren sich die Augenblicke meines Lebens in den Erinnerungen des Krieges; so viele Dinge hätten mich beinahe umgebracht, dass es irgendwie lächerlich und oberflächlich ist, das Leben wohlgeordnet zu erzählen. Fast anmaßend sogar. Ich wäre im Saarland beinahe auf eine Mine getreten. Dort, in jener Sekunde hätte der Lauf meines Daseins jäh unterbrochen werden können.

Immer wieder führt mich etwas zu den Ereignissen des Krieges zurück. So zum Beispiel mein jetziges Unvermögen, allein zu gehen, wie früher, als ich verwundet war. Ich erlebe dies inzwischen mit einer gewissen Gleichgültigkeit. Ich empfinde keine Ungeduld mehr oder gar Gereiztheit. Es ist nun einmal so. Man erlangt notgedrungen eine gewisse Weisheit, einen inneren Frieden, den das Alter gewährt.

Ebenso lässt es mich ziemlich gleichgültig, dass meine Bilder in der ganzen Welt verstreut sind. Meine Arbeit, mein Werk, alles ist in der Welt. Die Gräfin kauft, wo sie kann, meine Bilder. Meine ersten Landschaften, das Porträt von Colette, das im Salon hängt. Dies ist ebenso rührend wie ihre Hartnäckigkeit, die Balthus-Stiftung zu gründen. Sie plagt sich sehr damit: »Wenn du aufgibst, mache ich allein weiter«, sagt sie. Und ich weiß, sie hat Recht. Auch die Entschlossenheit der Schweizer Behörden, diese Stiftung zu gründen und in Rossinière den Ausbau des Grand Chalet zu unterstützen, berührt mich sehr. Es ist ein Versuch, zu sammeln, was verstreut ist. Zu sammeln, zusammenzuhalten und die große Auflösung zu verhindern.

13

Es ist gewiss, dass es Orte wie auch Menschen gibt, die für uns geschaffen sind. Sie kreuzen unseren Weg und werden für uns unverzichtbar, fast schicksalhaft. So ist es mit Rossinière. Ich musste mein Amt in der Villa Medici aufgeben und suchte mit Setsuko einen Ort zum Leben, der zu uns passte. Wir reisten ins Pays d'En Haut und wohnten im Grand Chalet, das später uns gehören sollte. Damals war es eine Herberge, die in vergangenen Jahrhunderten Victor Hugo und angeblich sogar Goethe und Voltaire Unterkunft gewährt hatte. Wir waren sogleich verführt vom diskreten, nüchternen und intimen Charme dieses wunderbaren Hauses, wenngleich es verfallen und schlecht unterhalten war, zu groß auch mit seinen Dutzenden Zimmern und Hunderten Fenstern, aber irgendetwas sagte uns, dass dieser Ort uns bereits gehörte. Setsuko hatte ihn sich unbewusst angeeignet, so sehr erinnerte er sie an alte Tempel in Nordchina oder im kaiserlichen Japan. Er war nah an den Berg gebaut, so dass wir uns wie im lebendigen Herzen der tiefen, geheimnisvollen Natur fühlten, wie auf den Stichen der fernöstlichen Malerei mit ihren über der Leere schwebenden Tempeln. Eine Stimmung, die wir wie uralte Spuren auch im Schloss von Montecalvello wieder fanden.

Noch etwas anderes aber herrschte in Rossinière:

eine Anmut, eine Sanftheit, ein Frieden, den das goldgelbe Tannenholz verströmte, das Wände und Fußböden bedeckte, die bei jedem Schritt leise knackten. Der Eigentümer war es offensichtlich müde, ein so großes Haus zu unterhalten und erklärte uns nebenbei, es stünde zum Verkauf. Sein Hinweis überraschte uns nicht einmal, so sehr waren wir überzeugt, bereits zu Hause zu sein.

Durch ein Arrangement mit Pierre Matisse konnten wir das Chalet kaufen: Ich würde ihm einige Gemälde überlassen und er würde für uns das alte Haus erwerben. 1977 zogen wir ein, vorher erledigte ich dort verschiedene Arbeiten. Seit Rom war ich ein Spezialist für derartige Restaurierungen. Ich versuchte dem Grand Chalet seine einstige stolze Schönheit und die Sanftheit, die solchen Bauernhäusern eigen ist, wiederzugeben: Wir kauften einige der Möbel, die sich bereits in der Herberge befanden, einen großen blauen Fayenceofen, wie man ihn auf den Bildern von Vermeer sehen kann, und Sekretäre aus rohem Tannenholz im Gustavianischen Stil. Setsuko kümmerte sich um den Rest der Einrichtung. Harumi, die damals gerade fünf Jahre alt war, gefiel es ebenfalls sehr gut in Rossinière. Noch heute fühlt sie sich unter diesem Himmel, dem Himmel ihrer Kindheit zu Hause. Sie ging mit den Kindern des Ortes zur Schule, spielte mit ihnen auf den vereisten Wegen und ritt in der Reithalle des Château d'Œx. Noch immer verbringt sie manchmal viele Stunden dort oder galoppiert über die Felder.

Eines ist allerdings seltsam: Ich lebe fast ausschließlich in Rossinière und doch habe ich diese wallisischen Voralpen noch nicht gemalt, die ich so gern habe und die mir seit meiner Kindheit vertraut sind. Warum nicht? Wo ich doch Montecalvello, das Tibertal und Chassy sehr oft gemalt habe. Ich möchte schon lange etwas mit dem Bahnhof von Rossinière machen, diesem kleinen Gebäude am Berg, wo regelmäßig der *Mob* anhält, der kleine Zug, dessen Patin Setsuko ist, fast eine Zahnradbahn, die sich von Lausanne wie eine unbeschädigte Kindheitserinnerung bis hierher schlängelt. Aber es hat sich noch nicht ergeben.

14

Ich möchte darüber sprechen, wie glücklich ich bin, wenn Harumi wieder nach Rossinière kommt. Ihr Name heißt auf Japanisch »Frühlingsblume«. Sie wurde in Rom geboren, im wiedergewonnenen Glanz der Villa Medici, an deren Auferstehung ich einen gewissen Anteil habe. Ich erinnere mich, wie fasziniert sie von den Abendgesellschaften war. Sie bewegte sich unbekümmert zwischen den Berühmtheiten Roms, die sich in der Villa drängten. Während ich Konzerte mit zeitgenössischer Musik nicht mochte und mich bei der ersten Gelegenheit unter dem Vorwand dringender Arbeiten davonschlich, blieb sie mit ihrem Kindermädchen in der ersten Reihe sitzen und folgte dem Geschehen mit größter Aufmerksamkeit. Sie hatte eine sehr poetische und sehr freie Kindheit in Rom, sie schlief gern im berühmten türkischen Zimmer, das Horace Vernet, einer meiner Vorgänger, eingerichtet hatte und das später von mir restauriert wurde.

Harumi ist ein in jeder Hinsicht außergewöhnliches Geschöpf, wild und unabhängig. Nie werde ich das Gefühl vergessen, das ihre Geburt mir schenkte, als man mich in der Villa anrief und mir sagte, ich hätte eine kleine Tochter. Ich kaufte sofort ein Möbelstück für sie, das übrigens in Rom zurückgeblieben ist. Es ist schwer, sie zu beschreiben, denn sie ist unendlich vielschichtig.

Immer sagt sie, was sie denkt mit größter Unverschämtheit, ich könnte auch sagen mit vollkommener und entwaffnender Unschuld. Ich finde, dass sie mir sehr ähnlich ist, vor allem, wenn ich an meine jungen Jahre zurückdenke. Sie besitzt die Erhabenheit der Jugend, die Sicherheit, die Gewissheit, ihrem Weg zu folgen, sie ist sich ihrer selbst und ihrer Kraft bewusst. Wie ich, wenn ich gegen alle anderen malte. Doch sie ist stabiler als ich. Im Alter mag ich diese stolze Sicherheit verloren haben, die nicht etwa Arroganz ist, sondern wilde Entschlossenheit, wie auch Harumi sie besitzt. Ich empfinde mich heute als friedlicher, als gefühlvoller. Die Geschichte meiner Orte gleicht diesem Charakter, dem beinahe »feudalen« Geist, der mich in Montecalvello so sehr fasziniert hat. Montecalvello, dessen Atmosphäre mich oft an Stendhal erinnert. Harumi hat ihre Zimmer in der obersten Etage des Châteaus eingerichtet, wo es eine Terrasse gibt. Von dort herrscht sie über das ganze Tal.

Sie ist sehr erfinderisch, vor einigen Jahren hat sie ihre eigene Marke kreiert. Sie entwirft Schmuck aus Posamenten und Halbedelsteinen und hat sich die »Balthustaschen« ausgedacht. Sie sind aus meinen alten Atelierkitteln genäht, an denen ich meine Pinsel abgewischt habe. Das Ergebnis ist erstaunlich. Sie hat auch beschlossen, ihr eigenes Parfum auf den Markt zu bringen: *Harumi de Harumi*.

Und all das hat sie aus eigener Initiative geschafft. Die Schule hat sie nie gemocht, sie war ziemlich aufsässig und, wie sie selbst sagt, ein »absoluter Faulpelz«. Doch ich habe ihr freies Wesen immer geliebt, ihre Art, alles allein zu lernen, so wie ich, als ich dem Rat Bonnards folgte, meinen Weg abseits aller Schulen zu gehen, als ich in Paris und in der Toskana die alten französischen und italienischen Meister kopierte ...

15

Deshalb liebe ich auch die wilde Anmut der Katzen, die oft im Zentrum meiner Bilder gestanden haben. Ich hatte zu ihnen immer eine ganz besondere Beziehung, fühlte mich ihnen fast verwandt. Schon in meiner Kindheit nannten mich meine Freunde den »Katzenjungen«. Mein Leben stand sozusagen unter ihrem Zeichen. Als Zehnjähriger malte ich mit Tusche eine Bilderfolge, um die Geschichte meiner kleinen Katze Mitsou zu erzählen, die ich verloren hatte, worüber ich untröstlich war. Die Zeichnungen sind wie ein Comic ohne Worte, aber sehr ausdrucksstark. Ein kleines Epos, das Mitsous Auftauchen und ihr Verschwinden schildert. Sie war sehr rebellisch und ließ keine Gelegenheit aus, davonzulaufen. Ihre letzte Flucht aber war endgültig: Ich sah sie nie mehr wieder. Mitsous Geschichte zu malen war also eine Art, diese Freundschaft für die Ewigkeit zu bewahren, eine Möglichkeit, den Augenblick festzuhalten. War das nicht bereits eine Form der Kunst? Ich zeichnete die verschiedenen Etappen meines Lebens mit ihr: im Zug, mit meiner Mutter, in unserem Haus, auf der Treppe, in der Küche, im Garten, ich zeichnete mich, wie ich ihr ein Knäuel hinhielt, das sie zu fangen versuchte, Mitsou, wie sie vom Tisch verjagt wurde, weil sie ein Stück Brot gestohlen hatte, Mitsou im Bett mit mir unter der Daunendecke oder wie sie mit der ganzen Familie den leuchtenden Weihnachtsbaum bewunderte. Die folgenden Zeichnungen waren wie geläutert, in ihnen drückte sich mein Kummer aus. Ich zeigte, wie ich Mitsou überall suchte, im Keller, in verlassenen Straßen. Auf dem letzten Bild vergoss ich große schwarze Tränen.

Rilke, damals ein enger Freund der Familie, ermutigte mich in meiner Arbeit und verfolgte alle Etappen mit großer Aufmerksamkeit. Er beschloss, die Zeichnungen zu veröffentlichen und sie mit einem Vorwort zu versehen. Sie erschienen 1920 bei einem deutschen Verleger, mit dem Text, den Rilke wie versprochen geschrieben hatte. Schon sehr früh hatte ich meine geheime, mysteriöse Zugehörigkeit zur Welt der Katzen erkannt. Ich spürte ihren Drang nach Unabhängigkeit und, wie Rilke sagte, diese Unmöglichkeit, die Natur der Katzen wirklich zu kennen. »Lebte der Mensch jemals in ihrer Zeit?«, schrieb er.

Ich kann mich nicht erinnern, je ihrer Anwesenheit beraubt gewesen zu sein. Sie haben mich stets umgeben und irgendjemand hat mir eines Tages erklärt, ich würde einen starken Moschusgeruch verströmen, der sie anzieht. Ich erinnere mich vor allem an Frightener, der, wie sein Name sagt, wirklich erschreckend war. Alle anderen Katzen verschwanden, sobald er auftauchte. Er war ein wunderschöner aber sehr bösartiger Kater, der mir überallhin folgte und nur zu mir sanft war wie ein Lamm. Ich erinnere mich noch an die Spaziergänge, die ich mit ihm unternahm und an seinen Gehorsam, während er bei anderen Gelegenheiten wie ein Teufel tobte. Ich habe ihn 1935 auf einem Bild dargestellt, das ich *Der Katzenkönig* nannte. Frightener reibt sich an mir, er sieht sehr freundlich aus, aber in seinem Ausdruck ist auch etwas Grausames. Ich glaube, dass auch ich sehr wild bin und ihm ein wenig ähnle.

Als ich in den fünfziger Jahren im Schloss Chassy im Morvand lebte, hatte ich bis zu dreißig Katzen. Dieses Schloss war ein riesiges, sehr massives Gebäude mit viel Platz für die Tiere. Eines Tages brachte ich eine kleine Katze aus Rom mit, die ich in den Gärten der Villa Medici gefunden hatte. Sie wirkte ganz harmlos, verbreitete aber eine unglaubliche Unordnung in Chassy, erwies sich als tyrannisch und böse. Sie ließ keine andere Katze fressen und kämpfte mit allen ...

Ja, die Katzen erinnern mich an meine Arbeit, in ihrer diskreten, lautlosen Präsenz, die mich nicht stört, sondern im Gegenteil mein Leben begleitet. Ein junges Mädchen, das ich zu Zeiten Artauds kennenlernte und das, wenn ich mich recht erinnere, Sheila hieß, nannte mich immer den »Katzenkönig« ... Ich habe ihr Porträt gemalt: *Die Katzenprinzessin*. Es ist das einzige Bild mit diesem Titel.

Ich glaube gern daran, wirklich ihr König zu sein. Auch gibt es dafür ein kleines, untrügliches Zeichen. In meinem linken Auge sieht man ein Netz roter Äderchen, das sehr deutlich die Zahl 13 formt. Nimmt man diese beiden Zahlen zusammen, ergibt das B wie Balthus! Mein Schlafzimmer im Grand Chalet hat aus alten Herbergszeiten noch die Nummer 13. Ohne Widerspruch erkläre ich mich deshalb zum 13. König der

Katzen und begründe diese Dynastie mit großer Gewissheit!

Hier in Rossinière führen die Katzen ein traumhaftes Leben. Sie sind bei uns, nehmen an unseren Mahlzeiten teil, schmuggeln sich zur rituellen Teestunde ein und schlafen auf Kissen, die die Gräfin mit ihrem Abbild bestickt hat. Sie lauschen Mozart mit mir, während ich im Salon vor den großen Fensterscheiben einschlummere, die das goldene Licht der Nachmittagssonne hereinlassen. Gewiss kennen die Katzen die Partitur von *Così fan tutte* auswendig …

16

Kein Tag ohne Mozart, seine Anmut, seinen Ernst. Am meisten bewundere ich an ihm seine Leichtigkeit und seine unvergleichliche Art, dennoch eine gewisse Religiosität zu bewahren. Ich bewundere die Langsamkeit und die Eile, die er gleichzeitig in die Partitur legt. Nein, es vergeht kein Tag, ohne dass ich mich im Salon ausstrecke und meditiere, *Figaros Hochzeit*, *Così fan tutte* oder *Die Zauberflöte* genieße. Für mich steht Mozart über allen Komponisten der Welt. Er hat das Universelle erreicht, den höchsten Ausdruck der menschlichen Seele, wie kein anderer weiß er die Gefühle zum Schwingen zu bringen, die Geheimnisse der Welt zu berühren, die am tiefsten verborgenen Mysterien. Er war immer mein Vorbild, derjenige, der mir den Schlüssel zu den Dingen geben konnte. Malerei und Musik sind sich sehr nah, beide sprechen von denselben Dingen, suchen die gleiche Spannung zu erreichen. Ich wollte immer diesen Grad der Perfektion erlangen, weder Bach, den ich bewundere, noch Beethoven haben mir soviel gegeben wie Mozart. In der Malerei wie auch in der Musik kann man etwas unendlich Heiliges schaffen. Mozart ist es gelungen. Das erklärt, wie glücklich ich war, als ich 1950 für das Opernfestival in Aix-en-Provence das Bühnenbild zu *Così fan tutte* gestaltete… Im Unterschied zu den *Cenci* wollte ich hier die fließende Anmut Mozarts zum Ausdruck bringen und gleichzeitig den Schmerz, das bohrende Leid, das sich hinter den Masken und der scheinbaren Fröhlichkeit verbirgt. Ehe ich mit dem Bühnenbild begann, habe ich mich buchstäblich in die Partitur versenkt. Noch heute kenne ich sie auswendig, und hier, im Pays d'En Haut, kehren die Empfindungen wieder, die ich während dieser Arbeit verspürte. Auch wenn ich die CD von Mozart wieder und wieder auflege, schaffe ich eine Verbindung zur Vergangenheit, zu der Freude, die ich empfand. Ich kehre in jene Zeit zurück, die immer lebhaft, immer voller Spannungen war.

Pierre Jean Jouve, der ebenfalls von dieser Arbeit an *Così fan tutte* berichtet hat, versteht es sehr gut Mozarts Absichten zu beschreiben, die ich meinerseits zu übertragen versuchte. Für Mozart ging es darum, die grausame Wahrheit der Welt umzusetzen: »die Vereinigung von Vergnügen und Kummer«. »Musikalisch eine berauschende Essenz« …

Tatsächlich erzählt Mozart die ganze Menschheitsgeschichte, offenbart ihr Innerstes und ihre Größe. Er berührt dabei die tiefste Wahrheit, mit einer fast entwaffnenden Schlichtheit und einer so gelehrten, so mächtigen Kunst, dass diese nicht einmal sichtbar wird und den lyrischen Gesang der Welt nackt und bloß darbietet. Die gleiche Schlichtheit muss man in der Malerei erreichen. Ich habe immer gesagt, dass man genau danach streben muss, nach dieser Nähe zu den Menschen und nach dieser Universalität, die die Kunst so unendlich groß und zugleich so ergreifend macht.

Wenn ich mich ausruhe und Mozart höre, empfinde ich die ganze Bandbreite der Gefühle, vergleichbar mit der Vielfalt der Farben: Humor, Klage, Unglück, Glück, Zärtlichkeit, Mitleid, Schmerz. Mozart hat einen universellen, gigantischen Grund berührt. Ganz bescheiden habe ich stets aus diesem Brunnen geschöpft, ohne von meinen Überzeugungen abzuweichen.

17

Ich folge dieser Auffassung von Malerei, die sich seit meiner frühesten Kindheit, die ich im Grunde niemals wirklich verlassen habe, auf mein ganzes Leben übertragen lässt. Rilke sprach mit mir indirekt über den Glauben, durch seine Poesie, und sicher habe ich dadurch entdeckt, wie vergeistigt die Welt ist, dass man sie in der Schlichtheit der Dinge und in ihrer unendlichen Größe suchen und finden muss. Bonnard war sich dessen bewusst, im kleinsten Blumenstrauß den er malte, in der von einer dünnen weißen Frostschicht bedeckten Erde, in den Winterlandschaften oder auf den sonnenüberfluteten Balkons, die er so genau zu zeichnen verstand. Es wird behauptet, meine unbekleideten jungen Mädchen seien erotisch. Ich habe sie nie in dieser Absicht gemalt, das hätte sie anekdotisch, geschwätzig erscheinen lassen. Ich wollte sie aber gerade mit einer Aureole des Schweigens und der Tiefe umgeben, gleichsam einen Taumel um sie erzeugen. Deshalb habe ich sie stets als Engel betrachtet. Wesen, die von anderswo gekommen sind, vom Himmel, von einem idealen Ort, der sich plötzlich einen Spalt weit geöffnet und die Zeit durchquert hat, in der er eine verzückte, verzauberte Spur zurücklässt oder einfach eine Ikone. Ein einziges Mal wollte ich mit einem Bild provozieren. 1934, als die Galerie Pierre meine Bilder ausstellte, *Alice, Die Straße, Cathys Morgentoilette* und, hinter einem Vorhang, *Die Gitarrenstunde*, die als »zu gewagt« für jene Epoche angesehen wurde, die ihrerseits jedoch ohne zu zögern mit kubistischen und surrealistischen Ausschweifungen provozierte. Ich war damals sehr unbeugsam und sehr »verletzlich«, wie Pierre Jean Jouve sagte, »niemals zufrieden« weder mit mir noch mit meinen Bildern. Also versenkte ich mich in die Arbeit, mit der ich mich bis heute unermüdlich auseinandersetze. Ich war und bin ein Perfektionist und so langsam darin, den letzten »Punkt« auf das Bild zu setzen, dass Setsuko bei dem Gedanken erschauert, ich könnte eins meiner alten Bilder wieder sehen und auf die Idee kommen, einen Strich zu korrigieren, eine Farbe zu retuschieren oder, schlimmer noch, alles auszulöschen.

Zur Zeit der *Gitarrenstunde* wohnte ich in der Rue de Furstenberg und kümmerte mich nicht um Komfort und materielle Sorgen, denn ich war ganz und gar von der Malerei, von ihrem Mysterium gefesselt. Wenig später tauschte ich mein Atelier gegen ein anderes im Hof des Hôtel de Rohan, ebenfalls in Saint-Germain-des-Prés. Ein geräumiges, geradezu grandios verfallenes Atelier, das jedoch von seinem einstigen Ruhm eine gewisse Majestät, eine fast epische Kraft bewahrt hatte, religiös im ursprünglichen Wortsinn. In diesem zerstörten Universum, in dem ich dunkle Kräfte entdeckte, interessierte mich allein die Mühsal des Malens. Ich war sechsundzwanzig Jahre alt.

18

Diese Mühsal habe ich schon sehr früh erfahren. Meine Mutter Baladine sagte oft, dass ich mich schon in meiner Kindheit sehr gewissenhaft und hartnäckig mit dem Kopieren von Gemälden, vor allem von Poussin, beschäftigt hätte, in der Überzeugung, dies sei die beste Schule für mich. In einem Brief an Rilke erzählte sie, dass Maurice Denis sehr freundlich und sehr aufmerksam zu mir war: Es fehle mir, so sagte er, nur an »Material und Übung«. Ich stürzte mich sehr rasch in diese Lehre, die Schule der Kopie, um meine Kenntnisse zu vertiefen. Die Bescheidenheit vor den Größten war für mich immer unverzichtbar, um ein wenig von ihrem Können, ihrer Großzügigkeit zu erwerben und auf diesem Weg voranzukommen.

Ich habe nie irgendeine Schule besucht. Mit sechzehn Jahren lebte ich in Paris, wohin mich meine Eltern geschickt hatten, um die Malerei zu studieren und mit den Künstlern zu verkehren, die sie gut kannten: Bonnard, Gide, Marquet, die die Entwicklung meines Bruders Pierre und meine eigene voller Anteilnahme verfolgten. Zu dieser Zeit, Anfang der zwanziger Jahre, war Paris von einer sehr lebhaften künstlerischen, schöpferischen und enthusiastischen Aktivität erfüllt. Bonnard ließ mir große Unterstützung zuteil werden und schenkte mir seine Aufmerksamkeit. Ihm verdankte ich, in die Künstlerkreise eingeführt zu werden und so zum Beispiel auch den Kunsthändler Drouet kennen zu lernen, dem ich meine Arbeiten zeigte. Um 1925 hatte ich den Jardin du Luxembourg in einer Serie von Bildern festgehalten: Kinder auf den Wegen und Bäume, die damals schon sehr präsent, massiv und allgegenwärtig waren. Ich achtete zu jener Zeit sehr darauf, das Materielle, das Gewicht der Dinge, ihre Schwere wiederzugeben.

Schon sehr früh maß ich der Farbe große Bedeutung bei, dem eigentlichen Material der Malerei, ich meine den Pigmenten, der Farbpaste, allem, was der Welt Präsenz und Leben, Glanz und Dichte verleiht.

Damals hörte ich sehr aufmerksam auf alles, was mir gesagt wurde, war empfänglich für die Experimente der anderen und widersetzte mich nie den Ratschlägen, die mir Bonnard oder Maurice Denis gaben. Ganz sicher verdanke ich es ihnen, gelernt zu haben, dass die Malerei eine Kunst der Geduld ist, eine lange Beziehungsgeschichte zwischen dem Maler und der Leinwand, eine Verpflichtung ihr gegenüber. Hier in Rossinière reicht es manchmal schon aus, vor dem unvollendeten Bild zu meditieren, mit der Hand darüber zu streichen, einen Tupfer hinzuzufügen, und ich bin zufrieden mit dem Fortschritt, der Entwicklung des Bildes. Eine Kunst der Langsamkeit, in der sich das Werk dennoch fortsetzt. Die Hast der zeitgenössischen Maler ist insofern abscheulich, als sie sich dem Handwerklichen verweigert, das die Malerei von jedem verlangt, der sich ihr hingibt. Nichts geschieht ohne diese langsame Bewegung des Geistes, des Geistes der Demut, der Armut, zu der man sich verpflichten muss.

Die Gewohnheit, die ich in den Jahren 1925 und 1926 annahm, ganze Tage im Louvre zu verbringen um Poussin zu kopieren, führte mich zum Abenteuer der Malerei. Ich lernte dabei mehr als in allen Schulen, allen Akademien den Ratschlag Boileaus zu verstehen: *»Müsst zwanzigmal wohl Euer Werk von neuem Ihr in Angriff nehmen!«*

Meine Fortschritte erreichte ich in der Einsamkeit, einer Einsamkeit, die von den Ratschlägen der Meister gestützt wurde, die an mich glaubten, und auch von meiner Mutter, die mir großes Vertrauen schenkte. Mit neun oder zehn Jahren zeichnete ich Soldaten in engen Reihen, Bleistiftbilder über das Leben des Marquis von Montcalm … Mit dreizehn formte ich kleine Figuren wie jenen Buddha, den Rilke meiner Mutter geschenkt hatte und den ich identisch nachbildete. Die Erinnerung an diese Jahre des Lernens erfüllt mich noch heute mit den heftigsten Gefühlen. Zwar nannte Rilke sie »die ungewissen Jahre«, Jahre des Krieges, der Flucht und des Exils, der bevorstehenden Pogrome, doch nach den Worten Gides waren es auch Jahre der Begeisterung und der Inbrunst. Während unseres Aufenthaltes in Beatenberg stürzte ich mich in eine umfangreiche Arbeit für die Kapelle unseres Dorfes. Ich weiß nicht, was aus dem Werk geworden ist, später wurde es durch die Mode der nackten Wände aus der Kapelle vertrieben und verflüchtigte sich gleichsam in der Natur. Es waren Szenen aus dem Alten Testament –

Sarah erschrickt über das Erscheinen des Erzengel Gabriel –, eine religiöse Ikonographie, die durch die Lektüre Dantes noch verstärkt wurde. Rilke hatte mir *Die göttliche Komödie* geschenkt, und ich war hingerissen von Dantes kraftvoller Fantasie, von der Macht seiner Visionen. Ich bedauere, dass all das verschwunden ist, in der Zeit versunken und zerronnen. Und trotzdem habe ich noch immer eine sehr deutliche, fast unbeschädigte Erinnerung daran, wie auch an meine Begeisterung, meinen jugendlichen Elan ...

19

Meine Jugend wurde auch von meinem Aufenthalt in Marokko, in Kenitra, geprägt. Dort leistete ich von Ende 1930 bis Anfang 1932 meinen Militärdienst. Mit dem Alter kehren die Erinnerungen zurück, steigen auf aus dem Vergessen. Was mir nach der Rückkehr aus Afrika eher wie eine von Langeweile erfüllte Zeit künstlerischer Untätigkeit erschien, ist gleichsam neu erstrahlt, und ich bewahre jetzt wundervolle Bilder von diesem Abschnitt meines Lebens. Ich schätzte die natürliche Vornehmheit in den Gesichtern und Sitten der Einheimischen und vor allem die unvergleichliche Landschaft, die mich sehr berührte. Zunächst war ich einem Infanterieregiment zugeteilt worden, aber dank eines Mitglieds der Familie Vogüé, die mein Vater gut kannte, konnte ich zum 7. Spahiregiment wechseln. Der Garnisonshauptmann wurde mein Freund.

Mein Regiment war eigentlich sehr versnobt, die Uniform war schön und stolz, und ich habe sie noch lange getragen, selbst nach meiner Rückkehr aus Marokko. Dann dachte ich, dies könnte mir als Manieriertheit ausgelegt werden, also faltete ich sie zusammen, um sie dennoch in einem Schrank aufzubewahren. Die Zeit ist vergangen, die Uniform ist von Motten zerfressen worden. So geht es mit den Erinnerungen. Sie versinken, verschwinden für immer …

Mit meinem Freund dem Hauptmann bin ich viel durch das Atlasgebirge gereist. Das war unsere Art, dem geregelten Garnisonsleben, der Monotonie der Tage unter der drückenden Sonne zu entfliehen. So entdeckte ich nicht nur den Süden mit seinen Palmenhainen, sondern auch die Königsstädte Fes und Marakkesch.

Ich liebte diese bewegten, wilden Landschaften, den Glanz des Lichtes, die brutalen Farben, diese Palette, die einer meiner Lehrer, Delacroix, sehr bewundert hatte. Durch meinen Militärdienst habe ich Delacroix wieder entdeckt, hat sich meine Vorstellung von dem großen Maler grundlegend gewandelt. Seine *Reise nach Marokko* ist seit vielen Jahren eines meiner Lieblingsbücher. Noch heute hilft er mir durch die Wahl seiner Farben, durch seine Rezepte und sein Können, dem ich großen Wert beimesse, und das die moderne Welt so leicht vergisst. Damals entdeckte ich höchst erstaunt, dass das militärische Leben auch etwas vom Ballett hat: der Gleichschritt, die Regelmäßigkeit der Übungen ... In einigen Bildern, die ich in jener Zeit malte, *Der Spahi und sein Pferd* zum Beispiel oder *Die Kaserne*, habe ich diese Art der Choreographie zu zeigen versucht, die mir sehr deutlich wurde. In einem Spahiregiment spielt das Pferd eine wichtige Rolle. Ich hatte eine ganz besondere Beziehung zu einem der Pferde unseres Regiments. Als mein Militärdienst beendet war, ist es vor Kummer gestorben. Ich erfuhr von seinem Tod, als ich in der Rue de Furstenberg lebte. Ich war sehr traurig und bin es bis heute, hier in Rossinière. Diese Zeit war, so könnte ich sagen, eine Zeit der Vorahnung, der Vorbereitung auf meine Malerei. Ich hatte immer das Gefühl, dass meine Malerei nun ihren wahren Weg einschlagen würde. Alles war so, als habe dieser erzwungene Umweg über Marokko meine Arbeit reifen lassen, sie mit echtem Sinn erfüllt. Dabei war ich in den Monaten, die ich in Nordafrika verbrachte, nicht sehr produktiv. Meine Arbeit beschränkte sich auf ein paar Skizzen und zwei, drei Bilder. Aber Malen ist eine sehr umfassende Tätigkeit, die alle Zeit beansprucht, und auch wenn man nicht wirklich malt, so malt man doch noch immer. Ebendies geschah in jener Zeit. Deswegen wusste ich, als ich nach Frankreich zurückkehrte, was ich eigentlich wollte. Es gab also durch Marokko keinen Bruch. Im Gegenteil, aus dem Fenster meines Zimmers im obersten Geschoss in der Rue de Furstenberg blickte ich auf das Atelier von Delacroix. Alles reihte sich aneinander, alles besaß eine logische Kontinuität, einen Zusammenhang.

Ich hätte Ramuz zu meinem Militärdienst befragen sollen, um selbst mehr darüber zu erfahren. Einmal bat er mich, ihm zu erzählen, wie ich diese Zeit verbracht hatte. Ich begann von dem Pferd zu sprechen, von der Freundschaft, die zwischen ihm und mir gewachsen war, und er tat das Übrige, er erfand die Fortsetzung der Geschichte. Nach unserem Gespräch erzählte er Sachen, die ich nie erlebt hatte: die Kraft seiner Fantasie, die Großzügigkeit von Ramuz …

20

Meine Beziehung zu Pferden setzt sich auch hier im Grand Chalet fort. Meine Tochter Harumi hat sich auf dem kleinen Grundstück neben dem Chalet eine Reithalle eingerichtet, mit Türen im Jahrmarktstil und Boxen, die wie Karussellgondeln aussehen. Sie hat auch etwas von einer Isba, einer Hütte, wie man sie in der Gegend von Zakopane findet, was mir altem Polen aus der Tatra natürlich nicht schlecht gefällt. Harumi reitet oft in der Halle des Château d'Œx, oberhalb von Rossinière. Der Schlossherr hat uns einmal zu einer Spazierfahrt in einer Hochzeitskutsche mit zwei Pferden eingeladen. Wir machten einen langen Ausflug durch die wunderbare Landschaft bis hin nach Gstaad. Es war unsagbar schön, durch Dörfer zu fahren, die Kinderspielzeug glichen, über steile Wege und vorbei an den grandiosen Bergen rings um uns ... Solche Momente erfüllen unser Dasein mit Süße und Freude. Ich weiß, dass man das Auto nicht mehr abschaffen kann. Es lässt sich nicht mehr aus unserer armen Welt verdrängen. Sehen Sie nur, was es aus dem Stadtzentrum von Rom gemacht hat, die ständigen Staus, der Lärm, der Dreck. Ich habe die Ewige Stadt kennen gelernt, als sie noch nicht von Autos überflutet war. Der unbeschreibliche Charme Roms, die Anmut, die es ausstrahlte, waren einzigartig. Und dann stürzten die achtziger Jahre die Stadt in das Getöse, den Tumult. Wie eine Metapher des modernen Lebens, das mein Freund Fellini in seinem schönen Film *Fellini's Roma* bereits vorausgesehen hatte.

Deshalb fühlte ich mich oft von Orten angezogen, die ich intuitiv für auserwählt hielt, die noch für eine gewisse Zeit der Erosion des modernen, die Umwelt verschmutzenden Lebens entgehen konnten. Es war, als weise mir eine innere Stimme den Weg dorthin, offenbare mir ihre Existenz. Diese Orte waren einzig für mich bestimmt, niemand hätte sie gewollt, aufgrund ihrer allzu ungewöhnlichen Lage, ihres fortgeschrittenen Verfalls oder ihrer Größe. Unbewusst fühlte ich mich aufgerufen, sie zu bewohnen …

Ich weiß, dass Rossinière mein Ort ist, hier singen die Vögel, eine Sanftmut hat sich eingestellt, die alle Beziehungen befriedet, sogar das Alter. Die Gebrechen, die es mit sich bringt, sind mir gleichgültig, ich akzeptiere diesen Zustand wie eine natürliche Fortsetzung, der das Gebet und die Malerei ihre Gnade schenken. Im Grunde genügen mir dieses Atelier, die langsame Entwicklung des Bildes auf der Staffelei, die Suche nach den richtigen Farben, das Zerreiben der Pigmente mit Setsuko, um eine Form des Glücks zu erreichen. Setsuko hilft mir, diese Farben zu finden, sie hat einen außergewöhnlichen Sinn dafür, das beweist auch ihre eigene Malerei, die ich sehr bewundere. Diese Harmonie ist der wahre Reichtum. Im Grunde ist es das, was ich in meiner Malerei immer erreichen wollte, Schönheit und Harmonie, und ebendadurch dem Göttlichen zu begegnen. Hier im Grand Chalet findet sich etwas davon. Die Stille, die trotz unserer Anwesenheit herrscht, der Klang Mozarts in den Zimmern und unsere Schritte, unter denen die Holzdielen knarren, es ist wie ein endlich erreichter, endlich gefundener Frieden ...

Diesen Hang zum Grundbesitz habe ich immer besessen, und ich empfinde es heute als endgültige Aussöhnung mit dem Verlangen, hier zu wohnen. Die Malerei und die Landschaft verschmelzen, und an meinem Fenster habe ich jeden Tag ein echtes Gemälde vor Augen. Mein Dasein versinkt in dieser Schlichtheit von Rossinière und seiner Landschaft. Ich habe eigentlich kein Leben aufzuschreiben, nur Erinnerungsfetzen, die mich, aneinandergefügt, geschaffen und geprägt haben. Mensch und Maler sind eins und mein einzig wahres Wort liegt in der Malerei. Ich habe zu viele Schriftsteller gekannt, Camus, Saint-Exupéry, Char, Jouve und viele andere (außer Green, der mir entkommen ist!), als dass ich so vermessen wäre, schreiben zu wollen. Bleiben nur diese wenigen Worte, heterogen und gleichzeitig homogen, geschützt vor der Erosion der Zeit.

Balthus als Theaterdekorateur (1953).

Auf der Vernissage der Rodin-Ausstellung (Mai 1967) in der Villa Medici, deren Direktor Balthus war.

Balthus an der Seite von Gräfin Setsuko und der gemeinsamen Tochter Harumi in Rossinière.

Der Meister der Porträts, Cartier-Bresson, fotografiert seinen Freund Balthus im Chalet von Rossinière.

21

An jedem Tag, den Gott mir schenkt, bete und meditiere ich in der Stille. Diese Vorbereitung ist wesentlich, um zu malen und den Katastrophen der Welt, ihren unkontrollierten Bewegungen und ihrem zehrenden Lärm zu entgehen. Der Rosenkranz, den mir der Heilige Vater gab, hilft mir sehr bei dieser inneren Arbeit. Ich traf Johannes Paul II. während meines Rom-Aufenthaltes. Er war damals im besten Alter und beeindruckte mich tief. Er war enttäuscht, dass ich kein Polnisch sprach, und froh, sich mit einem Landsmann zu unterhalten. Leider mussten wir das Gespräch auf Französisch führen. Aber er wusste eine entspannte, ungetrübte Atmosphäre zu schaffen. Ich glaube, Gott hat in seiner Güte beschlossen, einen Heiligen auf diese elende Welt zu senden, um zu versuchen, einen Funken von Liebe und Intelligenz im Menschen neu zu entfachen. Ja, ich bin sicher, Gott verspürte das Bedürfnis, einen Heiligen auf unsere Erde zu senden. Mein Glaube wurde durch seinen Glauben gestärkt, durch seine Gewissheit, durch den Eifer, mit dem er ihn ausdrückte. Ich mag so heftige, brennende, mystische Charaktere sehr. Artaud besaß in gewisser Weise diese mystische Gewalt, er schrieb mir eines Tages Briefe eines Gläubigen, sprach mit fast religiöser Leidenschaft von Johannes dem Täufer, von Franz von Assisi. Ich sagte ihm oft, dass es ein Fehler sei, den Surrealisten in die Hände zu arbeiten: »Misstrauen Sie ihnen, misstrauen Sie ihnen!«, sagte ich zu ihm. Er antwortete mir: »Ich weiß sehr gut, was sie tun«, aber er hatte weder die Zeit noch die Kraft, sich zu fangen. Ich bin sicher, er hätte ein großer mystischer Künstler sein können.

Meine Kraft kommt aus meinem Glauben. Durch ihn konnte ich mit dieser Beharrlichkeit vorangehen, die auch zu jener Zeit anerkannt wurde, da meine Malerei es nicht war. Ich habe diesen unbeugsamen Charakter, durch den ich vorangehen konnte. Weil ich sozusagen zusammen mit Masaccio arbeitete, mit Piero della Francesca und Fra Angelico, der sich, wie sein Name sagt, den Engeln nähert, wie auch mit dem kaum bekannten mittelitalienischen Maler Masolino di Panicale, konnte ich von ihrem Anspruch und ihrer langen Mühsal profitieren, für die sie nicht immer belohnt wurden (Masaccio ist so jung gestorben). Sie verliehen mir glühende Kräfte und festigten meine Berufung. Ich erinnere mich an all die Zeit mit ihnen während meiner Bohemienjahre in der Toskana. Einen Teil des Tages erledigte ich kleine Hilfsarbeiten, um das Notwendigste zu verdienen, den Rest verbrachte ich bei ihnen. Ich war Tellerwäscher in einer Trattoria oder verdingte mich als Touristenführer. Ich hatte nur ein Verlangen, sie zu kopieren, ihnen ganz nah zu sein, die Geheimnisse ihrer Farbe zu entdecken. So stand ich ganze Nachmittage vor Piero della Francescas Fresken in der Franziskuskirche von Arezzo. Niemand kannte damals diesen Maler, erst jetzt hat man sein Genie entdeckt und widmet ihm Studien, Bücher und Ausstellungen. Mit ihm allein zu sein war nahezu unwirklich, ich war im Herzen der Malerei versunken, die ich, wenn auch noch undeutlich, als die genialste Malerei erkannte. Überzeugt, das Geheimnis der Welt zu berühren.

So vergingen meine Jugendjahre, in dieser ständigen, einsamen Initiation. Ich habe aus dieser Zeit den Geschmack an der Einsamkeit bewahrt, das Verlangen, allein in das Mysterium der Malerei einzudringen, mich ihren Tiefen zu nähern.

22

Dem dunklen Geheimnis der Malerei näher kommen, dessen Enthüllung langsam und zufällig geschieht. Eines meiner letzten Bilder, dessen Komposition von einem Werk Poussins inspiriert ist, gehört heute der National Gallery. Dieses Gemälde erlebte einen langen Prozess der Reife, meist wurde ich mehr geführt, als dass ich ihn herbeiführte. Die verschiedenen Phasen eines Bildes offenbaren jenes unablässige Tasten des Malers nach dem, was er für den endgültigen Zustand hält, den abgeschlossenen, vollkommenen. Das Bild zeigt eine von einem Satyr überraschte Nymphe. Ich musste lange warten, ehe es mir gelang, ihren nackten Körper in der Natur hervorzulocken. Nichts stimmte an der Komposition. Irgendwann bedeckte ich alles mit *rosso pozzoli* und begann bei null. Und dann, ganz »natürlich«, wenn ich so sagen darf, fand der Akt seinen Platz auf einem Felsdiwan. Plötzlich spürte ich, dass der Akt in der Natur, dass sein Licht wie von selbst den Mondschein heranführten. Setsuko zeichnete mit Kreide eine Sichel oben ins Bild. Und diese offenbarte schließlich ihre Evidenz. Nun passte alles und erhielt seinen Sinn: Das Perlmutt des Körpers strahlte den Mond an oder andersherum, die Landschaft, in der der Körper thronte, war seit aller Ewigkeit da, bis hin zu der kleinen Nelkenkrone in Erinnerung an das Gedicht von Du Bellay: »*Ich schenke diese kaum erblühten Rosen ...*«, sowie in Erinnerung an die mit Blumen bedeckten Nymphen Poussins. Die Nelken erwiesen dem Sommer die Ehre, und das ganze Gemälde wurde ein Sommerbild, das den Titel *Sommernachtstraum* rechtfertigte.

So komponieren und ordnen sich meine Bilder, mit dieser unentschlossenen, nächtlichen Annäherung, der ich keine tyrannische Richtung verleihe. Ich lasse mich von der Malerei führen, die Hand folgt ihren Hinweisen, treues, demütiges Werkzeug, um zur Schönheit zu gelangen, die sich gleichsam aufzwingt.

23

Nach der Atelierarbeit kehre ich ins Grand Chalet zurück. Um vier Uhr dreißig oder fünf Uhr bereitet Setsuko den traditionellen Nachmittagstee. Unveränderliches Ritual, zu dem wir uns im Speisezimmer versammeln, es hat etwas Beruhigendes, Friedliches, worum uns die arme Welt beneiden würde, die ständig rennt und in Bewegung ist. Das Geräusch des *Mob*, des kleinen Zuges, der von Lausanne auf schmalen Gleisen langsam die Berge hinaufsteigt, sein Pfeifen, ehe er am Ende des Tals in einen Tunnel eintaucht, auch das ist uns inzwischen sehr vertraut. Es beweist die Regelmäßigkeit der Stunden und der Zeit, die unerbittlich verstreicht. Welch einen Weg haben wir dank Setsukos Fürsorge zurückgelegt, damit dieses Haus sein Gleichgewicht und seine Stille fand, diese sanfte, maßvolle Ordnung! Als wir zum ersten Mal hierher kamen, diente das Grand Chalet noch als Herberge, alles war sehr schmutzig, nichts funktionierte. Der Tee war so schlecht, dass wir ihn heimlich aus dem Fenster gossen, er schmeckte nach Geflügelbrühe …

Jetzt bereitet Setsuko Tee zu, köstliche Konfitüren, Gebäck oder Schokoladenkuchen, und diese Phase der Ruhe im gemächlichen Leben des Grand Chalet gehört ebenso zur Malerei. Wir sprechen über Kunst, Gemälde und die Bilder, die gerade entstehen. Die Katzen springen auf den Tisch, reiben sich an der Teekanne, ohne sie umzuwerfen, wärmen sich ein wenig an ihr. Am liebsten würde ich immer in Rossinière bleiben, die Reisen nach Montecalvello sind inzwischen ein zu aufwändiges Unterfangen. Zwar fahren wir noch hin, doch nur für kurze Zeit. Sehr schnell vermisse ich die ruhige und sanfte Atmosphäre des Chalets und sein geregeltes Leben. Wenn Zeit und Licht es erlauben, gehe ich ins Atelier, geführt von meinem treuen Liu, der mich niemals verlässt; er setzt mich vor das unvollendete Bild und manchmal bleibe ich lange schweigend dort sitzen, rauche, schaue auf die Leinwand, meditiere vor ihr: eine Zeit der Vorbereitung, unverzichtbar, um in die Malerei einzutauchen. Zu ihr zu gelangen.

24

Ich empfinde sehr deutlich, dass mir diese Gnade und Milde von Setsuko gewährt werden, von dem mir liebsten Menschen, der über mich wacht, aufmerksam für jede Schwäche oder Ungeschicklichkeit eines Mannes, der nicht mehr sehen kann, nicht mehr sehr gut läuft und die Hilfe der Seinen braucht, um in sein Zimmer hinaufzugehen oder auch nur, um seine Zigarette am Aschenbecher abzustreifen.

Ich lernte sie 1962 in Japan kennen. Malraux hatte mich dorthin geschickt, um eine Ausstellung alter japanischer Kunst vorzubereiten. Setsuko Ideta war eine junge Studentin, die damals bei ihrer Tante in Osaka wohnte. Sie entstammt einer alten Samurai-Familie, in der die Riten und der Adel des alten Japan bewahrt wurden. Ich lud sie ein, in die Villa Medici zu kommen, deren Leiter ich seit 1961 war. Sogleich wusste ich, dass sie mir sehr viel bedeutete, und 1967 haben wir geheiratet. Wir trennen uns nie, sie wacht über meine Arbeit, schützt mich vor lästigen Besuchern, berät mich und tut unendlich viel für mein Werk. Sie räumt unsere Archive auf, mischt geduldig die Farben, die ich ihr angebe, eine undankbare und langwierige Tätigkeit, die sie stets bereitwillig ausführt. Sie sorgt für mein Wohlergehen. Sie vernachlässigt ihre eigene Malerei, zu der ich sie stets ermutigt habe, da ihre Interieurs ganz wunderbar sind, in denen sie unser Chalet neu erfindet und ihm die Farbigkeit ihrer Heimat Japan verleiht.

Durch sie habe ich mich noch stärker für die japanische und chinesische Kultur interessiert, für ihre Kraft, für die machtvollen Züge ihrer Malerei und ihren hieratischen Adel. Die brutale Trennung, die die Renaissance zwischen der westlichen und der östlichen Zivilisation vollzog, ist willkürlich und schädlich. Ich glaube sehr stark an die Verbindungen, die zwischen beiden Kulturen bestehen, und ich sehe kaum einen Unterschied hinsichtlich der Intuition und der jeweiligen Gedanken über den Sinn der Welt. Keinen Unterschied also zwischen meinen teuren Sienesen und der fernöstlichen Kunst. Setsuko hat mich in dieser Gewissheit bestärkt. Sie verbindet mich mit beiden Zivilisationen, sie gewährleistet dieses Band, an das ich immer geglaubt habe, lange bevor wir uns kennen lernten. Auch sie findet sich übrigens in diesem wallisischen Hochland wieder, in dem wir leben. Die hohen Berge, die uns umgeben, sind ihr vertraut, obwohl sie nicht von ihnen angezogen ist, sondern eher flachere Gegenden bevorzugt. Doch hinterlässt sie in diesem Chalet die Spuren ihres Landes: die traditionelle Kleidung, die sie trägt, die japanischen Speisen, die wir oft essen, ihre Figurensammlung, Marionetten und Spielautomaten, bis hin zu den geschnitzten Fassaden des Hauses, das aus der Ferne an einen fernöstlichen Tempel erinnert …

25

Ich kann die Faszination für den Fernen Osten bis in meine frühe Jugend zurückverfolgen. Mit etwa dreizehn Jahren hatte ich mir die Buddhastatue meiner Mutter angeeignet und weigerte mich, sie ihr zurückzugeben. Ich hielt den Buddha, so erzählte mir Baladine später, wie eine Katze an mich gepresst aus Angst, sie würde ihn mir wegnehmen ... Auch hatte ich große Pläne, ein Theaterstück über diese Zivilisation zu schreiben, auf die sich Rilke in einem Brief an mich bezog. Vor allem in Beatenberg nahm diese Faszination Gestalt an. Ich verbrachte meine Zeit damit, vor dem Fenster den fallenden Schnee zu beobachten, ich liebte die wilde, schroffe Natur, die steilen Hänge, die bedrohlichen Schluchten, die weißen Gipfel. Als ich mit vierzehn Jahren ein Buch über die chinesische Malerei und das Song-Gebirge im Süden Chinas geschenkt bekam, war es wie eine Offenbarung, nicht direkt eine Entdeckung, sondern eher die Einsicht, dass dies wirklich mein Ort war, dass es keinen Bruch gab zwischen den Alpen vor meinen Augen und diesen schwindelerregenden Bergspitzen des ewigen China. Die Liebe zu jener Landschaft hat mich nie mehr verlassen. Ich habe sie auch hier, in Rossinière wieder gefunden, und ich glaube, dass ich mich im Grunde seit meiner Kindheit niemals von ihr getrennt habe. Was ich zu malen versuche, ist keine einfache Wiedergabe der Natur, es sind die Zeichen einer universellen Gemeinschaft, die Identifikation mit einer Denkweise, einem tiefen Sinn, kohärent und auf dunkle Weise geheimnisvoll. Die Landschaften, die ich in Montecalvello gemalt habe, sind jenen sehr verwandt, die die Maler der Song-Zeit festgehalten haben. Ich versuche nicht, meinen Visionen etwas Japanisches oder Chinesisches zu verleihen. Sie begegnen den fernöstlichen Landschaften ganz spontan, weil sich die einen wie die anderen in der gleichen Suche nach einer Einheit treffen. Ich glaube, es gibt viele Missverständnisse über einige Maler des 19. Jahrhunderts, die man als Realisten ansieht. Courbet zum Beispiel, den ich so sehr bewundere, war ein Maler, der sich diesem großen Bruch mit der fernöstlichen Malerei verweigerte, zu dem die Renaissance beigetragen hatte. Courbet malte wie die Chinesen, ebenso meine geliebten Sienesen und auch Brueghel. Doch ich habe mich auch von anderen Künsten inspirieren lassen, wie der indischen oder der mittelalterlichen, die noch sehr figürlich waren. Maler oder Bildhauer identifizierten sich mit ihren Modellen, sind in sie eingedrungen, haben den Sinn in ihnen gesucht. Erst so versteht man, dass die Malerei eine spirituelle Kunst ist, die das Göttliche berührt.

Auch wenn die Landschaften von Chassy ganz anders sind als die Bilder, die ich in Montecalvello gemalt habe, verfahren sie dennoch nach derselben »Philosophie« der Malerei. Sie bewegen sich auf diesen Sinn und diese Stille zu, die mir wichtig sind.

26

Es gibt unsagbare Glücksmomente beim Malen. Als ich 1940 das Bild *Der Kirschbaum* malte, lebte ich in einer tragischen Epoche, die Geschichte versank in der absoluten Katastrophe. Trotzdem malte ich den *Kirschbaum* und zwang mich, nichts von dem Drama auf die Leinwand gelangen zu lassen, das um das kleine Dorf Champrovent in Savoyen einen Bogen machte, wo ich nach der Verwundung im Saarland und meiner Demobilisierung mit meiner Frau Antoinette de Watteville lebte. Ich wollte Champrovent vor dem schwarzen Tuch bewahren, das sich immer weiter über Europa legte. Deshalb sagte ich nein zu allem, was sich an Finsternis und Tod zusammenbraute. Den *Kirschbaum* zu malen hieß, eine Spur des Glücks zu malen, eine Vorstellung vom Glück zu geben, das uns entfloh. Der Glanz des Lichtes auf den Bäumen, die Unschuld zu leben, verkörpert durch das junge Mädchen, das mit einer wackligen Leiter auf den Baum steigt, der Frieden des Obstgartens und der Felder, die sich an die kleinen Berge schmiegen …

Es war ein Gefühl »unerträglicher« Leichtigkeit, wie der Schriftsteller sagen würde, der Vergänglichkeit des Glücks, die ich damals einfangen wollte. Wie auch auf anderen Landschaftsbildern von Champrovent, bei denen mir die Reglosigkeit Poussins von großer Hilfe war.

Das flüchtige Klima der Zeit einfangen, die flieht und vergeht, die Sonnenstrahlen, die über Wiesen und Wälder davonziehen, die Zerbrechlichkeit des Lebens, zu der die chinesischen Meister mit fast nichts gelangten, mit größter Sparsamkeit. Das sind die Wunder, die man zu erfassen suchen muss, jene Wunder, die hier im Okzident auf derselben Naturbeobachtung gründen wie dort im Orient. Das Song-Gebirge im Süden Chinas vereint sich mit dem Wallis oder der kargen, feudalen Erde um Viterbo in derselben Suche nach Wahrheit.

27

Diese Suche war auch in all meinen Zeichnungen gegenwärtig. Es gibt für mich keine anspruchsvollere Disziplin als die Variationen der Gesichter, der Posen meiner träumenden jungen Mädchen, denn bei dieser Liebkosung des Bildes gilt es, jene kindliche Anmut wieder zu finden, die so schnell erlischt und an die man für immer eine wehmütige Erinnerung bewahrt. Diese Unbeschwertheit verfolgen, die Bleistiftmine auf dem Papier das noch frische Oval eines Gesichtes finden lassen, diese Form, die dem Antlitz der Engel nahe kommt! Mich verband stets eine natürliche, naive Vertrautheit mit diesen Mädchen, Natalie de Noailles, Michelina, Katia, Sabine, Frédérique oder kürzlich erst Anna. Während der langen Sitzungen drehte sich alles um die Seele, ging es darum, zunächst die Seele sichtbar werden zu lassen, die Sanftheit der Seele, diese Unschuld des Geistes, das, was noch nicht erreicht war, was vom Anfang der Zeiten kam und um jeden Preis bewahrt werden musste. Es liegt etwas Musikalisches in diesem Versuch, so als wolle man das Gewicht der Stille in einer Partitur erreichen, jenes Gewicht, das bei Schubert so deutlich spürbar wird, oder bei Mozart, wenn er sich von der Fantasie löst, um zur Schwere zurückzukehren und so am Geheimnis zu rühren, dem »Paradies der verlorenen Herrlichkeit«, von dem Lewis

Carroll in *Alice im Spiegelland* spricht. Es gibt kein gewagteres Unternehmen, kein schwierigeres, als die Klarheit eines Blickes wiederzugeben, den kaum sichtbaren Flaum auf einer Wange oder ein Gefühl, das gleichzeitig in der Schwere und in der Leichtigkeit der Lippen spürbar wird. Gerade dieses wunderbar musikalische Gleichgewicht der Gesichter meiner jungen Modelle wollte ich erreichen. Nicht allein der Körper oder die Ähnlichkeit ihrer Gesichtszüge waren mein Ziel, sondern vielmehr das, was jenseits oder diesseits ihres Körpers oder ihrer Züge lag, in ihrer Nacht oder ihrem Schweigen. Die Kohlezeichnung kann das erbringen, diese kaum wahrnehmbare Gnade, dieses Gebet. Deshalb rege ich mich immer noch über die dummen Interpretationen auf, die behaupten, meine jungen Mädchen entsprängen einer erotischen Fantasie. Das zu behaupten heißt, sie nicht zu verstehen. Mich beschäftigt ihr langsamer Wandel vom Zustand des Engels zu dem des jungen Mädchens, ich will den Augenblick dessen erfassen, was man eine Passage, einen Übergang nennen könnte.

28

Die Zeichnung ist eine wunderbare Schule der Wahrheit und des Anspruchs. Man ist näher an der Natur, an ihrer geheimsten Geometrie, die man in der Malerei nicht immer erreichen kann, weil man in sie mehr Fantasie, Inszenierung und Schauspiel hineinlegt. Die Zeichnung hingegen zwingt in gewisser Weise zur Abstraktion, weil es darum geht, hinter die Erscheinung des Gesichtes oder des Körpers zu schauen und aus seinem Licht zu schöpfen.

Diese Arbeit ist nüchterner, vielleicht auch mystischer. Sie ist darauf gerichtet, das Feuer zu erreichen, die heißeste Glut, manchmal genügen wenige Striche, und das Feuer ist eingefangen und in seiner Flüchtigkeit erfasst, in seinem für einen winzigen Moment wahrgenommenen Strahlen. Ich war sehr stolz auf das Porträt des armen Artaud, das ich auf einen Cafétisch gekritzelt hatte. Deshalb sage ich: Der Maler muss einen »geistigen« Ansatz haben, denn das Feuer ist der Geist, und der Geist ist das Leben. Der Geist im Blick des Malers, seine Fähigkeit, ihn festzuhalten, kann die Wahrheit des Modells erfassen, sein Wesen und seine innerste, anrührende Struktur. Und dann kommt es zur Durchdringung, der Maler wird zum Seher, wie Arthur Rimbaud es beschrieb.

Heute, da mich das fehlende Sehvermögen am

Zeichnen hindert, bleibt mir noch das Glück der Malerei. Ich sehe die Farben, das ist etwas Geheimnisvolles. Setsuko kann sich dies nur schwer vorstellen und nimmt es doch jeden Tag wahr. Ich weiß, wenn es nicht die richtige Farbe ist, die sie mir gibt, es vollzieht sich eine Art Verklärung, eine alchimistische Arbeit, ich weiß, wenn eine kleine Spur mehr *rosso pezzari* oder ägyptisch Blau nötig ist, meine Augen sehen nicht mehr, und dennoch sehe ich die Komposition der Farben auf der Leinwand.

Dieses Wunder.

29

Anspruch der Malerei, die jede Mühelosigkeit flieht, und zugleich Anspruch an sich selbst, Vertrauen in die eigene Arbeit, durch das Studium und das Kopieren der geliebten Meister erlangte Gewissheit. Es gab eine Zeit, da die Diktatur der Bewunderer Picassos so mächtig war, dass jeder Maler, der sich nicht von ihm beeinflussen ließ, als faschistisch, zumindest aber als reaktionär und unmodern angesehen wurde. Deshalb hatte ich so oft Streit mit den Kollegen jener Zeit. Ich flüchtete in die Einsamkeit, überzeugt, dass mein Weg zumindest für mich der wesentliche war und dass ich auf ihm die Malerei erreichen konnte.

Picasso respektierte meine Sorge um Unabhängigkeit und meine Weigerung, mich dem Diktat zu unterwerfen, das er indirekt mit erzwungen hatte. Es brauchte viel Zeit, viel zurückgehaltenen Zorn, viel Armut auch, ehe meine Arbeit wirklich anerkannt wurde. Die Zeit im Cour de Rohan war gleichzeitig die schönste und die entbehrungsreichste. Aber es lag auch etwas Großes in dieser Einsamkeit und dieser Armut. Ein Weg, um voranzukommen.

Unter allen Malern jener Zeit bewahre ich besonders lebhafte Erinnerungen an Derain. Sein Körper, die Kraft, die er ausstrahlte, die schöpferische Macht, zu der er imstande war, beeindruckten mich sehr. Ich habe ihn 1936 gemalt, stehend, in seinen großen gestreiften Morgenmantel gehüllt. Ich glaube, das Bild hängt heute im New Yorker Museum of Modern Art. Sein Mantel berührt den Boden, so dass man seine Füße nicht sieht, er wirkt massiv, hat die Statur eines Menschenfressers. In jenen Jahren malte ich viele Porträts, oft auf Bestellung, ein Broterwerb, dem ich dennoch mit Leidenschaft nachging, weil mir diese Porträts die Möglichkeit gaben, meine eigene Suche fortzusetzen, in meinem Bemühen voranzukommen. So porträtierte ich die Vicomtesse de Noailles, die Familie Mouron-Cassandre, Miró und seine Tochter Dolorès, Rosabianca Skira ... Malen bedeutet nicht abbilden, sondern durchdringen. In das Herz des Geheimnisses eindringen. Das innere Bild zurückwerfen. So dass der Maler auch ein Spiegel ist. Er reflektiert den Geist, den Strahl des inneren Lichtes.

Mit seinem Blick, seiner Hand muss der Maler diesen dunklen, kaum aufzubrechenden Kern erfassen, der in jedem Menschen verborgen ist, sich auf ihn konzentrieren und ihm die wahre Identität des Porträtierten entlocken. Das ist sehr schwierig, eine Alchimie, die große Aufmerksamkeit und Widerstandskraft gegenüber der Außenwelt verlangt.

Ich glaube, Picasso hat das gut verstanden, obwohl unsere Bilder völlig unterschiedlichen Wegen folgten. Im Unterschied zu den Surrealisten wollte ich nicht die verschiedenen Befehle, chaotischen Auswirkungen und Brüche des Unbewussten ausdrücken, sondern sie aufdecken, sie durch eine Struktur, eine Ordnung, eine

Konstruktion aufspüren. Es sollte mir gelingen, diese Verdichtung des Wesens, sein Geheimnis wiederherzustellen. Natürlich fern jeder Anwandlung von Mondänität. Ein Porträt ist ein Fragment der Seele, das man erfassen muss, eine Schneise in das Reich des Unbekannten.

30

Eben deshalb mag ich Chagall nicht. Darüber habe ich viel mit Malraux gestritten. Er mochte Chagalls Malerei und verstand meine Vorbehalte nicht. Ich fand Chagall immer anekdotisch, etwas war falsch in seiner Malerei. Seine Naivität hielt ich für gekünstelt. Es gibt bei ihm eine zu große Leichtigkeit, die einem den Zugang zu dem verwehrt, was Rilke in einem Brief an mich das »Crac« nannte, das Wunderland. Chagalls kleine Geschichten erscheinen zu einfach, und die Gefälligkeit schließt das abrupte, scheue, unerwartete Geheimnis der Dinge und der Menschen aus.

Ich war auch enttäuscht von Rouault, von seinem »das macht man so«, das eigentlich langweilig und uninspiriert wirkte. Rouault ist ohne Erfindungsgeist, er kann die Welt nicht umsetzen, ihr Relief verleihen, ihren inneren Raum erreichen.

Ich habe meine Porträts immer so gestaltet, dass sie in das »Crac« vordrangen, wie es Rilke von mir verlangte, als ich gerade fünfzehn war. Dass sie in diesen winzigen Zwischenraum spähten, wo der Tag der Nacht das Feld räumt und umgekehrt, in den Zwischenraum »der anderen Herrlichkeiten«, wie er auch sagte.

Man muss nur schauen, beobachten, eintreten. Lieben. Dann offenbart sich etwas Dunkles, Fernes, Tiefes. Eine Bereitschaft, wie sie sich im Porträt der Lady Abdy offenbart, das ich 1935 von ihr malte, oder in dem der Vicomtesse de Noailles von 1936, der alles passieren kann, ist sie doch in ihrer entspannten Haltung dafür geschaffen, das Geheimnis zu durchdringen.

Diese natürliche Bereitschaft sich begeistern, sich überraschen zu lassen und die großen, drapierten Vorhänge zu zerreißen, habe ich auch auf meine Malerei übertragen: Sie muss bereit sein, die Verzauberung anzunehmen.

31

Rilke behauptete, ich müsse diese Verzauberung von vornherein akzeptieren, das Eintreten in die wunderbare Welt der Malerei, in jene Tiefen, die das Licht bergen. Da ich am 29. Februar geboren bin, kann ich meinen Geburtstag nur alle vier Jahre feiern. Diese dem Lauf der Sterne geschuldete Besonderheit des Kalenders gefällt mir nicht schlecht. Ich habe darin immer eine Spur von Ironie, etwas Außergewöhnliches gesehen. »Dieser diskrete Geburtstag«, schrieb Rilke, »der die meiste Zeit in einer jenseitigen Welt lebt, berechtigt Sie gewiss zu vielen Dingen, die hier unbekannt sind. Ich wünsche Ihnen, mein lieber B., dass Sie imstande sein mögen, einige davon auf unserer Erde heimisch zu machen, damit sie hier wachsen und gedeihen, trotz der Schwierigkeiten unserer wechselnden Jahreszeiten.« Das schrieb er mir, als ich kaum fünfzehn Jahre alt war. Ich habe immer danach gestrebt, seinem Wunsch zu folgen, dieser Bestimmung treu zu bleiben. Ich wollte in meiner Malerei nur ungewöhnliche Augenblicke heimisch machen, Begegnungen, die vom Üblichen abweichen, wollte ein Jenseits durchdringen, das mich die Wirklichkeit dennoch sehen ließ, ein Jenseits, das ich im Gegensatz zu den Surrealisten nicht im Durcheinander des stimulierten Unbewussten, in der *écriture automatique* suchte. Rilkes Begehren war poetisch und spirituell, es rief mich an jenen Ort des »Crac«, in diese Spalte im Sein, die ich schon in meinen Lehrjahren passieren musste, um die wahre Realität zu erreichen, denn, so fügte er hinzu, ich dürfe nicht im »Crac« versinken, meine Aufgabe bestünde vielmehr darin, dessen »Herrlichkeit« zu heben: Keine Erklärung, keine Exegese wird dem gerecht. Ich lächle oft über die Interpretationsversuche meiner Malerei, über das, was einige sonst sehr wohlmeinende Kunstkritiker in sie hineinprojizieren, wobei sie doch so weit von dem entfernt sind, was ich in meine Bilder gelegt habe. Ich verstehe nichts von dem, was sie sagen wollen und vielleicht gibt es auch nichts zu sagen, sondern nur zu betrachten. Auch mir passiert es, dass ich viele Stunden vor meinen Bildern im Atelier verbringe. Ich schaue sie an, dringe in ihr Geheimnis ein. Es hat meine Hand geführt, hat mich in seine Nacht eingelassen.

Auf ihre Art ist diese Erfahrung mit den Erfahrungen der Mystiker vergleichbar. Ihr Aufstieg zum Haus Gottes vollzieht sich zunächst in tiefer Dunkelheit, das ist der Preis, den man für das Licht zahlen muss. Deshalb bewundere ich die Gedichte des Johannes vom Kreuze, ihren nächtlichen Weg, der durch die Extase belohnt wird. Das Geschenk, das Gott ihnen macht.

Eben das meinte ich auch, als mir Rilke, ich war noch immer fünfzehn, zu Weihnachten die kleinen, gebundenen Bände der *Göttlichen Komödie* schenkte. Meine Mutter wiederholte oft den Ruf, den ich nach der Lektüre ausstieß: »Das erhebt mich, das reißt mich mit!«

Ich wollte damit sagen, dass die Kunst die spirituelle Macht der Erhebung und der Faszination im eigentlichen Wortsinn besaß, die man nur in diesem Zustand der Höhe, der Hingabe, des Geistes erreichen konnte. In diesem Glauben habe ich die Bilder für die Kapelle in Beatenberg gestaltet. Mit Dantes Glut, mit seiner Gewissheit.

32

Wenn ich es recht bedenke, glaube ich, dass mein Weg seit meiner Kindheit vorgezeichnet war. Meine Eltern trugen durch ihre Künstlerbekanntschaften dazu bei, durch die Maler, die sie zu sich einluden und die mich sozusagen zur Staffelei führten, durch die Bewunderung für Piero della Francesca, den besonders mein Vater liebte, durch die Entdeckung Cézannes, seiner Früchte, fast nichts und doch alles, diese unglaubliche Anmut nie gesehener, nie wahrgenommener Jugend. Was man malen musste, sah ich wohl durch Bonnard und Cézanne wie auch durch das, was Rilke schrieb. Es war jene gleichzeitig unsichtbare und sichtbare Welt, jener Ort, an dem sich Wirklichkeit und Traum zu begegnen vermögen und uns sehr weit mit sich nehmen. Deshalb verabscheue ich zum Beispiel Gustave Moreau, dessen Malerei solche Mühe hat, zu Atem zu kommen, wo alles so aufgedunsen und dekorativ ist, dass die Malerei, ich meine ihr Geheimnis, die Wahrheit, von vornherein ausgeschlossen ist. Ebenso verabscheute ich die Surrealisten, denen ich mich so fremd fühlte, obwohl einige mich früher in ihre Bewegung aufnehmen wollten, ohne zu verstehen, dass die Malerei in diesem Wust von Bildern keinen Platz finden konnte, in diesem Basar, wo alles so künstlich, so elaboriert ist, dass dieser Umschwung nicht stattfindet, den die Malerei herbeiführt, so dass sie plötzlich das wahre Leben berührt, unterirdisch, geheim und lebendig, unendlich lebendig. Aus diesen Gründen gab es große Auseinandersetzungen zwischen den Surrealisten und mir. Das Surreale ist nicht so weit entfernt vom Realen, der Übergang ist nur schmal (zum Beispiel der transparente, unendlich zarte Flug meines Nachtfalters, dem das junge Mädchen hinterhereilt, weil es verhindern will, dass das Insekt in der Petroleumlampe verbrennt), und es ist Aufgabe der Malerei, diesen Übergang, dieses Umkippen nachzuzeichnen. Nichts ist schwerer, es verlangt monate-, vielleicht jahrelange Arbeit, Meditation, Skrupel und Reue, um zu erreichen, was man endlich für das Richtige hält. Deswegen sind die zur Kunst erhobenen surrealistischen Spielchen, wie die *cadavres exquis* und *die écriture automatique,* für mich keine Kunst, sondern eine Übung, ein Vergnügen, das nichts mit echter Malerei zu tun hat, die neben dem Können, das sie voraussetzt, eine metaphysische, spirituelle Annäherung ist, eine wahre Pilgerreise, eine tief gehende Entdeckung, ernst und von großem Gewicht. Man kann nicht so mit der Malerei spielen. Glücklicherweise gehören einige Maler, die man den Surrealisten zugeordnet hat, in meinen Augen nicht wirklich dazu. Während es Dalí, dessen Werk anfänglich von großem Reichtum und großer Ernsthaftigkeit geprägt war, nicht gelungen ist, sich vom Surrealismus zu lösen, hat beispielsweise Miró durchaus Abstand gewonnen. Die Leichtigkeit, der Humor und gleichzeitig der Spott für das menschliche

Dasein, seine spielerische Größe gefallen mir sehr. Miró war sehr erfinderisch, es gibt eine Unschuld, eine Jugend, eine menschliche Wahrheit in seinen Figuren und Formen, bei ihm reduziert sich nicht alles auf den »Kreisel«, wie Picasso spottete. Sein Werk zeugte von einem außerordentlichen Arbeitswillen, bevor er in die mathematische Abstraktion verfiel. Und ich erkenne darin die Mühe, die ich für die universelle Malerei als unverzichtbar erachte.

Als das Centre Georges Pompidou in Paris eröffnet wurde, war ich zunächst sehr beunruhigt über den Zuspruch, den es in der Öffentlichkeit fand. Ich habe dem schnellen Erfolg und Massenveranstaltungen immer misstraut, die das Kunstwerk als Köder und Vorwand benutzen, als Rechtfertigung einer Politik, kurz und gut als Mittel der Demagogie. Damals, ich war noch in der Villa Medici, erklärte ich, dass diese Menschenmengen, die sich im Museum drängten, die Malerei nicht sehen könnten: Es sei keine wahrhafte Begegnung möglich. Mir wurde geantwortet, ein solcher Museumsbesuch könnte eine erzieherische, eine Initiationswirkung haben, was ich nicht glaube. Aus Starrköpfigkeit behauptete ich damals, es sei besser, die Besucherzahl im Zentrum auf einige Hundert im Monat zu beschränken und nur etwa dreißig Werke auszustellen, deren Auswahl unerlässlich sei …

Die Malerei macht einen über jeden Verdacht erhabenen Anspruch geltend, den die moderne Gesellschaft niemals verstehen wird. Wenn man in die Malerei eindringen, sich ins Herz der Malerei begeben will, muss man diesen Anspruch akzeptieren, jene Langsamkeit, zu der sich die zeitgenössischen Maler nicht entschließen können. Picasso, der gegen Ende seines Lebens Dutzende Bilder pro Woche malte, bekämpfte damit gewiss seine Ängste, doch das ist ein anderes Problem. Man sollte zur Langsamkeit Giottos, zur Genauigkeit Masaccios, zur Präzision Poussins zurückkehren! Man sollte wenigstens deren Wirkung in den Werken dieser Meister bewundern, nur dann kann man diesen Anspruch verstehen. Ich selbst habe mich immer mit großer Unerbittlichkeit und Härte daran gehalten. Wie könnte man anders malen und sich entwickeln als in jenem langsamen und mystischen Prozess?

Aufgrund dieser Wahrheit mochte ich Alberto Giacometti, der mir ein Bruder in der Malerei war. Wir hatten vieles gemeinsam, unsere Vorstellungen von der Kunst und unsere Absichten waren wirklich identisch. Niemals gerieten wir darüber in Streit. Seine Arbeit an den Gesichtern war beispielhaft. Er folgte direkt auf die surrealistische Periode. André Breton verstand seine Sorge um Genauigkeit nicht, seine Art, allein durch die Anmut des Strichs, durch die Leichtigkeit des Bleistifts das Geheimnis des Wesens ergründen zu wollen. Doch Giacometti kam dadurch dem menschlichen Wesen und seinem Geheimnis immer näher. Und nur wenige Striche reichten aus, um ein Gesicht bewegend, eine Haltung anrührend zu machen, in denen er das Leben, das ganze Leben zu vereinen vermochte. Aus diesen Gründen liebte auch ich das Zeichnen. Zwar fällt es mir heute schwer, diese Technik und die unendlich subtile Sorge um die menschliche Seele wieder aufzunehmen, weil meine Augen mich im Stich lassen, aber ich habe sehr viel gezeichnet, um mich dem Menschen und seinen innersten Gefühlen zu nähern. Es war eine Schule der Geduld, doch wenn eine Zeichnung vollendet war, empfand ich es als einen persönlichen Fortschritt, war ich mehr Mensch, war ich den Menschen näher. Dieses Gefühl von Brüderlichkeit hat mir die Zeichnung gewiss stärker vermittelt als die Malerei. Dieses Gefühl, dass ich mich einer bestimmten Wahrheit näherte. Die Malerei ist in dieser Hinsicht eine wahre Suche. Eine Art Wallfahrt.

Meine sehr enge Beziehung zum Christentum ist meiner Konzeption von Malerei nicht fremd, ohne dass ich mich jedoch als katholischen Maler bezeichnen würde. Ich habe die Malerei immer als Suche nach dem Wunderbaren angesehen, ein wenig vergleichbar mit der nächtlichen Wanderung der Könige nach Bethlehem. Man muss dem Stern folgen, der einen führt, und so zur Erscheinung gelangen. Das ist heutzutage nur schwer verständlich zu machen, vor allem in der Welt der Malerei, die von den zeitgenössischen Malern vollkommen verraten wurde. Concept-Art, Abstraktion, revolutionäre Ästhetik und Ideologien haben das Gesicht, die Landschaft geopfert, zeigen sie wie reaktionären und fortan nutzlosen Plunder. Mit einem Schlag ist die Jahrtausende alte Beziehung der Maler zum Göttlichen verschwunden. Die vorgeblich moderne Kunst hat die Malerei bis zu ihren Anfängen ausradiert, bis zu den Felszeichnungen der Magdalénienkunst, die eine direkte Verbindung zum Geistigen, zum Heiligen besaßen. Das alles wurde hinweggefegt, und heute sehen wir die katastrophalen Folgen, das verwüstete Schlachtfeld, auf dem nur noch Leichen und obszöne Spuren der Spekulation zurückbleiben ...

Man kehrt zur Weisheit der italienischen Freskomaler zurück, zu ihrer Ausdauer und Geduld, zu ihrer Liebe zum Handwerk und zu ihrer Gewissheit, durch das Malen zur Schönheit zu gelangen.

33

Diese Demut der italienischen Meister zwingt mich immer wieder sie nachzuahmen. Ich finde den Personenkult, dem sich unsere zeitgenössischen Maler hingeben, höchst empörend. Man sollte sich vielmehr jeden Tag stärker zurücknehmen, nur nach dem Akt des Malens trachten und sich selbst vergessen. Doch stattdessen überall nur Selbstdarstellung, persönliche Geständnisse, intime Beichten, Proklamationen des eigenen Ich und Selbstvoyeurismus. Ich sage oft, man sollte nicht danach trachten, sich selbst zu erzählen oder auszudrücken, sondern vielmehr die Welt, ihre Geheimnisse, ihr Dunkel. Vielleicht findet man dabei im Vorbeigehen auch manchen Schlüssel für die eigene Person, doch das ist nicht das primäre Ziel. Manchmal war ich etwas enttäuscht oder verbittert, weil ich keine leichte Karriere erlebte, keinen offenen, königlichen Weg, wie ihn manche Maler sehr oder gar zu schnell gegangen sind. Doch ich habe immer am Weg der Einsamkeit und des Anspruchs festgehalten. Man kann nicht im Getöse der Welt und inmitten ihrer Leichtlebigkeit malen, ihren Rhythmus annehmen. Man muss sehr viel weiter suchen und immer größere Einsamkeit und Stille erlangen, muss in engster Nachbarschaft mit den Meistern der Vergangenheit leben, um die Welt neu zu erfinden und sich nicht von falschen Sirenen, dem Geld, den Galerien, den mondänen Spielchen in die Irre führen zu lassen.

Die wahre Modernität liegt in der Neuschöpfung der Vergangenheit, in der Ursprünglichkeit, die man bei jenen Meistern findet, in ihren Erfahrungen und Entdeckungen. Ich habe mich nie so frei gefühlt wie als junger Mann, während ich im Louvre Poussin oder in Arezzo Piero della Francesca kopierte. Und welch eine Modernität fand ich bei ihnen! Der Maler ist nichts im Abenteuer der Malerei, er ist nur eine Hand, ein Werkzeug oder eine Brücke. Er überträgt, er führt, weiß selbst nicht immer, wohin er geht, handelt aber wie ein Traumübermittler dessen, was noch ungewusst, unlesbar und geheim ist.

Man weiß, wenn man etwas Wesentliches berührt, das heißt, wenn es einen Verbindungspunkt gibt, eine Nahtstelle zwischen sich und dem, was man erreichen will. Das ist etwas Heiliges, vergleichbar mit den Fingern Gottes und Adams, die sich berühren, wie Michelangelo es in der Sixtinischen Kapelle gemalt hat.

Ja, die Malerei steht an dieser Grenze, an diesem Scheideweg. Um dorthin zu gelangen, muss man einsehen, dass man alles hergeben, sein kleines Ich beiseite lassen muss.

Ich male zur Musik von *Così fan tutte*, denn in ihr streift das Genie umher, ich male und schaue dabei wieder und wieder zu Courbet und Cézanne, zu Delacroix und meinen geliebten Italienern. Der Maler existiert allein in der Verfügbarkeit seiner selbst, in dieser Demut. Sollen die anderen interpretieren, verstehen, in jedem beliebigen Licht analysieren. Der Maler weiß nichts von alldem. Er malt, das ist alles, er versucht nicht zu übersetzen.

Wonach er mit allen Mitteln trachten muss, ist zunächst die Stille. Deshalb erscheint mir jede gesprochene Annäherung an die Malerei lächerlich und überflüssig. Welcher Satz, welche Worte könnten diesen geheimen, dunklen Räumen der Stille gerecht werden, deren Sinn wir alle zu finden, deren Spur wir ans Tageslicht zu bringen suchen?

34

Meine glückliche Kindheit im Schutze liebevoller, aufmerksamer Eltern und der Umgang mit besonderen Menschen, Dichtern und Künstlern, sollten mein Malerleben entscheidend prägen. Im Grunde kommt alles daher, von diesem unschuldigen, sanften Blick, den man braucht, damit die Malerei sich hingeben kann. Ich hatte das Glück, in einem außerordentlich kultivierten und erlesenen Umfeld groß zu werden. Mein Vater, Erich Klossowski, war ein aufgeklärter Kunstliebhaber, Kunsthistoriker, Maler und erfahrener Kritiker. Unter seinen Freunden waren bekannte Kunsthändler und berühmte Entdecker wie Wilhelm Uhde, der den Zöllner Rousseau und auch Picasso in Mode brachte. Ich erinnere mich sehr genau an eine Reise in die Provence, die ich als Fünfjähriger mit meinen Eltern unternahm. Ein Wort tauchte in allen Gesprächen auf, ein Wort, das ich mir merkte und das mich nie mehr verlassen hat: Cézanne. Cézanne … Das Wort wurde ausgesprochen wie eine Beschwörungsformel, ein Passwort, ein Zauberspruch. Sehr zu Recht, wie ich erkannte, als ich alt genug war, um seine Malerei zu entdecken, die mir sogleich völlig neu erschien und die das Geheimnis der Dinge zu berühren vermochte, das Geheimnis des Apfels ebenso wie das der Landschaft.

Die künstlerische Atmosphäre in unserem Haus regte mich schon sehr früh zum Malen an.

Dass ich meine Mutter ihre charmanten Skizzen zeichnen und ihre kleinen Aquarelle malen sah, kam meiner Entschlossenheit, meiner natürlichen Veranlagung nur zugute. Diese wurde auch durch Rilke gefördert, mit dem meine Mutter zusammenlebte, nachdem sie sich 1917 von meinem Vater getrennt hatte. Seit ihrer ersten Begegnung im Jahr 1919 interessierte sich Rilke sehr für mich. Ich akzeptierte seine Ratschläge und seine Aufmerksamkeit, auch wenn mir mein Vater sehr fehlte, ich zuweilen meiner Mutter grollte und mich Rilkes Anwesenheit verletzte. Wir lebten seit der Kriegserklärung unter recht schwierigen Umständen. Exil in Paris, unsicherer Wohnsitz in Berlin, all unsere Habe konfisziert, strenge Überwachung meines Vaters, den die politischen Behörden als subversiven Polen ansahen, dann die Trennung meiner Eltern, Bern, Genf mit meiner Mutter und meinem Bruder Pierre, Rückkehr nach Berlin im Jahre 1921 ...

Dieses Wanderleben und Exil haben mich mit der Armut in Berührung gebracht, und ich wurde mir bewusst, dass der größte Reichtum im Erlernen der Kunst lag, in der Nähe zu den Meistern, die ich damals entdeckte, den Alten wie Dante, Wang Wei und den modernen, denen ich schon begegnet war. Als ihr Nachkomme fühlte ich mich ihnen zutiefst zugehörig und lernte, mich ihnen anzuschließen, in ihre Fußstapfen zu treten. So begann ich ganz langsam zu zeichnen, zu malen und jenen chinesischen Roman zu schreiben, der Rilke so viele Fragen aufgab.

Rilke, seine natürliche Naivität, sein Kinderblick, die Transparenz seiner Poesie und sein scharfes Denkvermögen halfen mir bei meiner Berufung. Er war überzeugt, dass die Malerei mein Weg, meine Spur der Wahrheit sein würde.

Die vierzig Bilder von Mitsou, meiner verlorenen Katze, zu denen Rilke ein Vorwort schrieb, waren mein erster Auftritt in der Malerei. Und mein Pate war nicht der schlechteste unter den Dichtern ...

35

Zu den glücklichsten Erinnerungen meiner Jugend gehört zweifellos Beatenberg in der Schweiz, wo wir die Sommer verbrachten. Beatenberg liegt oberhalb von Thun. Ich hatte eine eher schwächliche Konstitution, und die Schweiz genoss immer schon den Ruf, Genesende und Anfällige wieder auf die Beine zu bringen. Beatenberg ist für mich mit herrlich weiten Landschaften verbunden, mit den Bergen, für die ich schon immer eine große Vorliebe hatte, mit einer bestimmten Form von Einsamkeit, die dennoch belebt ist. Mir scheint, dort kann der Geist besser atmen, dort strömen natürlichere, ursprünglichere Kräfte, stärkere Energien. Die ungesunde Atmosphäre, die man in der Stadt findet, kann sich dort nicht ausbreiten, sie ist zwangsläufig von dort vertrieben. Meine ersten Regungen als Maler, noch ehe ich es wirklich wurde, erwachten in dieser majestätischen Umgebung, in der Klarheit des Lichtes, in dem Gefühl, dass alles bleiben konnte und nicht den Beliebigkeiten und der Zerstörung unserer armseligen Welt unterworfen war.

Rilke besuchte uns und schenkte mir, um meine Sinne zu entwickeln, ein Buch mit chinesischen Reproduktionen aus der berühmten Song-Zeit. Durch dieses Werk gewann ich den Eindruck, alles sei gleich, Orient und Okzident, die Alpen und die edlen, steilen Berge des alten China. Alles begegnete sich und verschmolz in jenem Licht, in den universellen Perspektiven ohne Alter und ohne historischen Bezug, die aus den Tiefen der Erde kamen, aus ihrer Urgeschichte, die für alle Menschen gleich ist. Die Landschaft gewann somit eine spirituelle Dimension, eine planetare Beständigkeit. Die Tragweite dessen erfasste ich trotz meiner Jugend intuitiv. Das Leben in Beatenberg war sehr schlicht, es gab echte Hirten, echte Bauern und echte Holzhäuser. Durch diesen Alltag jenseits der mondänen und gesellschaftlichen Konventionen konnte ich zum Beispiel eine wahre Leidenschaft für die Volkskunst entwickeln. Als wir ins Grand Chalet einzogen, waren wir überglücklich, einige Möbelstücke behalten zu können wie auch den Fayenceofen, der vielleicht schon Goethe oder Hugo gewärmt hatte. Das Knacken der Holzwände ließ uns an die Natur denken, an die ländlichen Häuser, die sich nicht verändert hatten, nicht in Beton gegossen waren, sondern einer willkürlichen Modernität die Stirn boten.

Vielleicht habe ich daher jenen Charakter, den man als geheimnisvoll, wild und heftig bezeichnet. Niemals habe ich ein Geheimnis gepflegt, um mich wichtig zu machen oder um Galerien und Sammler anzulocken, sondern vielmehr, weil der Weg der Stille, der Zurückgezogenheit vielleicht der einzige ist, auf dem man das Geheimnis der Kunst ergründen kann. So fühle ich mich den Bauern des Wallis näher als den professionellen Malern. Ich liebe das rustikale Mobiliar, das dennoch anmutig ist und voller Wahrheit. So war ich auch stets fasziniert von der volkstümlichen Bildkunst, jener Kleinkunst, aus der die große Aufrichtigkeit des Künstlers und Handwerkers spricht. Mein Misstrauen richtet sich immer gegen Unaufrichtigkeit, Geziertheit und Posen. Mit einer solchen Geisteshaltung kann man niemals malen.

36

Die Neigung zur Zurückgezogenheit ist nicht Verlangen nach Flucht, Verachtung der Welt und der Menschen, verzweifelte Einsamkeit. Der Wunsch nach Askese verbindet sich mit der Kenntnis der anderen und der Aufklärung der Geheimnisse. In der Welt zu sein birgt das Risiko, diese Geheimnisse zu verwässern, ihnen niemals zu begegnen. Im Grunde waren meine Orte immer verborgene Winkel: Wie in feudalen Schlössern oder Mönchsklausen galt es die Welt zu sehen und sich vor ihr zu verstecken, anwesend-abwesend zu sein, stets verfügbar für das Auftauchen des Geheimnisses.

Der Cour de Rohan in der Sackgasse des Commerce-Saint-André im Pariser Stadtviertel Odéon entsprach ebenfalls dieser verborgenen und für mein Dasein notwendigen Geometrie. Der Wohn- und Atelierraum war gleichzeitig Stille, Zuflucht vor leichtfertigen Versuchungen und Selbstbeschränkung, eine Möglichkeit des Zugangs zu dem, was ich erahnte. Aus diesen Gründen brauchte ich 1954 noch mehr Stille und Einsamkeit. Mit meiner Nichte Frédérique, die mit mir zusammenwohnte, bis Setsuko 1962 in mein Leben trat, mietete ich ein großes Gutshaus im Morvan, in Chassy. In dem goldenen Licht, das dieser Region der Yonne eigen sein kann, widmete ich mich dem Zeichnen und der Landschaft, erfüllt von der Freude, die diese scheinbare Abgeschiedenheit mir schenkte. Vielleicht fand ich dort den alten Feudalinstinkt wieder, der in mir ist und den ich gern pflege: die Mächtigkeit der alten Bauwerke in Chassy oder Montecalvello spielte bei meiner Wahl keine geringe Rolle.

In Chassy beschäftigte mich zunächst der Zustand des Lichtes, ich sollte sagen, »er irritierte mich«, wie es mein Freund Jean Paulhan genannt hätte, denn in diesem grandiosen Leuchten der Entstehung und des Ruhms, das sich in den weiten, vom Licht des Morgens oder des Spätnachmittags erhellten Landschaften offenbarte, spürte ich bei so viel Ruhe und Frieden auch etwas Schwebendes und Beunruhigendes. In dieser Klarheit, würdig der großen chinesischen Landschaften, ahnte ich den Moment des berühmten »Crac«, von dem Rilke sprach.

So bemühte ich mich in meinen Landschaftskompositionen dieses so eigenartige, bezaubernde Licht einzufangen. Meine großen Landschaftsbilder sind alle im Zeichen dieser scheinbaren Beständigkeit »gelesen«, in deren Innern heftige Energien arbeiten und das Licht vibriert, jenes Goldbraun, das ich später bei Velasquez ebenso wie bei Rembrandt finden sollte. Ich habe mich lange mit dem Geheimnis des Morgen- und Abendnebels beschäftigt, mit dem samtigen, matten Glanz der Felder, mit den Kegeln aus Licht und Schatten auf den von Hecken gesäumten Feldern. Aus jener Zeit stammen auch die Rückenansichten junger Mädchen, die aus dem Fenster auf die souveräne Reglosigkeit der Natur blicken, als sei ihnen eine Gnade gewährt, sowie die vielfältigen Versuche mit Gesichtern, deren verwirrendes Geheimnis der Bleistift zu erfassen sucht. Frédérique hat sich geopfert und mir ihr jugendliches Gesicht für diese unersättliche Suche überlassen.

Doch nichts ist gewonnen, wie der Dichter sagt. Neben meinen Landschaften, meinen Gesichtern waren noch tiefere Nächte zu ergründen. Andere Rätsel aufzuspüren, andere, irreale, dem Traum und dem »wonderland« entrissene Wirklichkeiten zu übertragen.

37

Vielleicht kann ich mich so ungezwungen zwischen Orient und Okzident bewegen, weil ich schon sehr früh in der Welt der Analogien zu Hause war, vertraut mit den Grenzwegen und neugierig auf alle Spuren. Die Regionen Bugey und Morvan, das Pays d'En Haut oder Montecalvello sind in meinen Augen identisch, sie entsinnen sich der Verbindungslinien, des geheimnisvollen Austauschs, der sie vereint. Warum erinnert das Grand Chalet, das wir bewohnen, an einen Taoistentempel? Warum haben wir uns dort sofort zu Hause gefühlt? Es gibt, das weiß ich seit meiner Kindheit, andere Welten, die sich einschleichen, geheime Wege, über die die Träume gleiten, um Hoffnung zu wecken und in unbekannte Länder und Welten zu entführen, die man sich angesichts der Ruhe der Landschaften, der wiederkehrenden Weisheit der Tage, des friedlichen Lichts nicht einmal vorstellen kann.

»Aber das ist ja gegenständlich!«, sagten manche Besucher, als sie 1934 mit großen Schritten die Galerie Pierre durchmaßen, in der meine erste Pariser Ausstellung stattfand. Tatsächlich habe ich nie betrieben, was man gemeinhin gegenständliche Malerei nennt. Im Gegenteil, es ging mir stets darum, das Geheimnis des Klimas und der Jahreszeiten zu malen, nicht darum, sie zu beschreiben, sondern zu erspähen – und sei es auch nur für einen winzigen Augenblick – welche Botschaft sie bringen, beladen mit Gold und Transparenz. Das gleiche gilt für die Personen und die »Szenen«, die ich damals darstellte, *Der Nachtfalter, Die Siesta* oder *Die Tasse Kaffee* zum Beispiel. Niemals habe ich daran gedacht, die ungewöhnlichen oder seltsamen Szenen, die ich malte, in Freud'scher Manier zu interpretieren (ich hege größtes Misstrauen gegen die Psychoanalyse): Nicht den Traum will ich malen, sondern das träumende junge Mädchen und das, wovon es durchdrungen wird.

Diesen Prozess der Durchdringung also und nicht den Traum.

Die Surrealisten haben diese Annäherung versucht. Sie haben, so sehe ich es, erklärt, übersetzt, interpretiert. Damit haben sie jedoch belastet, was die Leichtigkeit des Insekts besaß, des Falters, der unwiderstehlich vom goldenen Schein der Petroleumlampe angezogen wird …

Die Träume, die ich meinen jungen Mädchen zuschreibe, meinen Engeln im Halbschlaf, diesen hingegebenen Mädchen, diese Träume spüre ich als ganz nebensächlicher Zeuge auf, sehr diskret, da ich nicht das Risiko eingehen möchte, die Leinwand mit meiner Präsenz zu belasten. Dem Subjekt entrückt, gewissermaßen schräg versetzt, kann ich einen anderen Blickpunkt erfassen, jenen anderen Bereich, in dem meine jungen Engel versinken, als würden sie erlöschen.

Doch nicht der Maler bezeugt so heftig diesen Durchdringungsprozess, allein die Technik kann diesen Effekt poetischer Verfremdung bewirken. Die Sieneser Meister waren mir von großer Hilfe. Ich erinnere mich an ihre Fresken mit dem matten, beinahe runzeligen Farbaufstrich, mit den milden und gedämpften Tönen, an das Grün der Fresken von Pompeji, an das Ocker und das schwere Rosa, für mich Farben der Zeit.

Es gibt also nichts Besseres als den *gesso* der italienischen Freskomaler, die ich auf meinen Jugendreisen entdeckt habe, und dem ich Kasein hinzufüge, um die Farben noch besser zu binden. Man sollte sich der handwerklichen Arbeit der Alten erinnern, der rituellen Zubereitung der Farben, die den Effekt des Schwebens, der überraschten Erwartung, der endlich besiegten Zeit wiederzugeben vermögen.

Besiegte Zeit: Ist das nicht vielleicht die beste Definition von Kunst?

38

Während meines Militärdienstes habe ich sehr viel Henri Michaux gelesen, von dem ich einige Bücher nach Marokko mitgenommen hatte. Das zeigt, was mich damals beschäftigte und welcherart meine poetischen Vorlieben waren. Michaux' Gedichte und Texte sind ein Gang durch den Spiegel, *Die Nacht rührt sich*, *Plume und andere Gestalten*, jeder Text eine imaginäre Reise, erfüllt von dem Wunsch, auf die andere Seite zu gelangen. Die Zeit in Chassy ist wie die Vollendung meiner Michaux-Lektüre. Dort gab es nicht nur die Versuchung der Landschaft, ihrer Ewigkeit, sondern auch den fieberhaften Willen, den Raum, die Zeit zu durchqueren, jenes Rauschen von Engelsflügeln zu erfassen, durch das man Zugang zur Wirklichkeit der Träume erlangt. Zu den geheimen Bewegungen der Dinge und Geschöpfe.

Diesen Umgang mit den Träumen habe ich eigentlich nie gewollt. Er hat sich mir aufgezwungen. Aber vielleicht reicht das sehr weit zurück, bis in jene Zeit, da meine Mutter jedem, der es hören wollte, erzählte oder schrieb, ich hätte eine Neigung zur »Abweichung«, zum »Neben-mir-Stehen«, eine Veranlagung für jene Grenzregionen, jene magischen Augenblicke, die einen plötzlich und mit einem Schlag auf die andere Seite gelangen lassen.

Ich habe danach gestrebt, in der Malerei das zu schaffen, woran sich beispielsweise Michaux in seinen Texten und seinen späteren Werken versuchte. Ich strebe danach, den Raum des Traumes umzusetzen, vor allem durch das Material, die Farbe, das Licht auf ihrer feinen, zarten Oberfläche, die Transparenz. Ich wollte das Bild zu einem sinnlichen Erlebnis machen durch den, so könnte ich fast sagen, fließenden Zustand der Figuren, denen ich eine solche Geschmeidigkeit verlieh, dass man glauben könnte, sie seien immateriell. So sollte die Leinwand die geheimen, inneren Schwingungen wiedergeben, denen die Träumerin unterworfen war. Das Können, die Arbeit des Malers, von der ich nicht oft genug sagen kann, dass sie das Wesentliche ist, sind mir unerlässlich, um diese Zustände herbeizuführen. Man muss gleichzeitig das Vergehen der Zeit durch den feinen Schimmer des *gesso* spüren und den Lauf des Lebens, den Saft, der es durchrinnt. Zeit und Vibration der Zeit. Raum des Innen, der anderen Seite des Vorhangs, wie Michaux sagen würde ...

Es gibt nichts zu interpretieren an dem, was man auf der Leinwand ausdrückt. Nichts dazu zu sagen. Sie kann sich ganz und gar selbst genügen. Kein Kodex, kein Wörterbuch. Die Träume setzen die Geschichte fort, die man am Tag erlebt hat. Im Atelier. Sie dringen in die Realität des Bildes ein, zwingen sich auf in ihrer beunruhigenden Fremdheit. Ohne Zuhilfenahme jeglicher Analyse.

39

Hinter der weisen Reglosigkeit der Natur, hinter dem Verhalten der Geschöpfe habe ich stets jene geheime und verborgene Vielschichtigkeit gespürt, die alle Künstler ruft und sie in den tiefsten Wäldern und Abgründen versinken lässt. Dank dieser geheimnisvollen Architektur hat die Kunst ihren Rausch erlebt. Als junger Mann fertigte ich 1933 sechzehn Federzeichnungen, Illustrationen zu *Sturmhöhe* von Emily Brontë, die ich sehr bewundere. Die romantische Leidenschaft, die ihr Werk atmet, die herben Charaktere haben mich sehr inspiriert. Ich weiß nicht, ob ich mich selbst in den Zügen des Helden Heathcliff dargestellt habe, aber wenn ich mir heute die Zeichnungen ansehe, finde ich darin die Spuren meiner damaligen Auflehnung, die sich inzwischen beruhigt hat, sowie die Spuren der wilden Leidenschaft, die ich in mir spürte. Man malt ohnehin nichts anderes als sich selbst, seine eigene, unbekannte Geschichte, alles andere ist nur Technik oder Geschicklichkeit. Die ungeheure Lieblichkeit, die ich in den Landschaften von Larchant oder Champrovent zu enthüllen und zu übersetzen suchte, soll auch die Kehrseite der Kulisse nicht verbergen, ich meine die Beunruhigung, die notwendigerweise hinter diesen Landschaften hervorbricht. Auch in den Gemälden Poussins, deren perfekte Ordnung mich begeistert, fehlt es nicht an einer solchen Unruhe.

Ja, es muss in der romantischen Jugend, die ich durchlebte, eine Faszination für Heathcliff gegeben haben. Den Gedanken, dass sich der Künstler nicht gänzlich mit der Welt verbünden kann, dass er darin ein wohltuendes Exil findet, dass all seine Versuche, die Welt durch die Malerei auszudrücken, ihn zur größten aller Herausforderungen führen, der Herausforderung, in dem Werk aufzugehen, das er schafft, in dem Werk zu sein: zitternde, seidige Frauenkörper bei Courbet, vibrierendes Unterholz, saftige, reife Früchte bei Bonnard, Kinder bei Chardin ... Doch hinter diesen Gesichtern und dieser Natur, welch inneres Beben, welche Ahnungen und Drohungen, die ihr Leben entstellen und die der Maler umsetzen und vermitteln muss!

Deshalb ist seine Arbeit langsam und vorsichtig. Oft sitze ich im Atelier vor dem Bild, rauche Zigaretten und meditiere oder streiche mit der Hand über die Leinwand, als wollte ich sie liebkosen. Auch das ist malen, und es kann die Arbeit eines ganzen Tages sein. Dieser Kontakt, diese Einheit mit dem entstehenden Bild. Diese Vertrautheit, die man gewinnen muss, so weit entfernt von der Hektik, die heutzutage überall herrscht und die das tragische Drängen der Zeit beschleunigt.

40

Das Leben in Rossinière gewährt mir die Gnade der wieder gefundenen, eroberten, gezähmten Zeit. Diese Form innerer Ausgeglichenheit, die ich trotz der Gebrechen des Alters empfinde, verdanke ich Gräfin Setsuko, die den Lauf der Tage mit sanfter, friedlicher Harmonie zu zieren vermag. Ich liebe vor allem die Winterabende, wenn wir uns nach dem Essen in die Bibliothek setzen, wo wir einen großen Fernsehbildschirm aufgestellt haben. Durch den Stereoton erfüllen die Filme, die wir dort spielen, mit einem Mal das große Gebäude. Besonders gefallen mir Action- und Abenteuerfilme, amerikanische Wildwestepen oder Opern. Viele der Filmschauspieler sind meine Freunde, oft besuchen sie mich hier im Grand Chalet, Richard Gere, dessen Fotoarbeiten und Aufnahmen tibetischer Klöster ich bewundere, Tony Curtis, Sharon Stone oder auch mein enger Freund Philippe Noiret. Das Kino mit seiner Bilderflut und der ausufernden Technik ist das absolute Gegenteil meiner Malerei, die versucht, die versteckte Spannung der Dinge, die innere Gewalt der Geschöpfe zu erfassen und von der Zeit verlangt, in ihrem Höllenlauf innezuhalten. Dennoch begegnen sich Malerei und Film in ihrer Suche nach Tiefe, in ihrem Wunsch, die Welt zu durchdringen.

Fellini, mit dem ich in Rom oder Rossinière viele

vertraute Stunden verbrachte, war in dieser Hinsicht ein außergewöhnlicher Mensch. Wir verstanden uns so gut, weil wir beide dieselbe Suche, dasselbe Trachten kannten, er mit den bewegten Bildern, ich mit der Malerei, deren Reglosigkeit auch störend und beunruhigend sein wollte und schließlich ebenso bewegt war wie Fellinis exzessive Bilderflut, die das Geheimste der Menschen festzuhalten suchte. Beide wollten wir durchdringen, überschreiten und, ich komme immer wieder auf dieses Wort zurück: »erreichen«.

41

Diese Seelenverwandtschaft zwischen Fellini und mir zeigte sich während meines Aufenthaltes in der Villa Medici. Ich erinnere mich an unsere Spaziergänge durch die Gärten der Akademie, außerhalb der Zeit, wie uns schien, während sich ringsum die Stadt regte und bewegte, während jene Metamorphose begann, zu der das moderne Leben Rom zu zwingen schien. Wir sprachen über tausend Dinge und genossen gleichzeitig den Frieden, den die Villa Medici bewahrte, ihre Stille, diesen Hort der Zeit, der Geschichte und der Tradition, ohne die uns alles vergeblich erscheint. Als ich Fellini zum ersten Mal in mein Atelier in einem abgelegenen Gebäude des Gartens führte, waren drei Bilder in Arbeit. Ich male immer an mehreren Gemälden gleichzeitig, hinterlasse hier die Spur eines Tages, gebe dort einen neuen Farbton hinzu, meditiere und träume vor ihnen. So entwickelt sich die Malerei: im ständigen Austausch, den man mit ihr unterhält, in diesem Dialog, intim und leise.

Auf einem der Bilder las ein junges Mädchen, auf den anderen beiden neigten sich Japanerinnen über ihre Spiegel. Ich nannte sie später *Katia lesend*, *Japanerin mit schwarzem Spiegel* und *Japanerin mit rotem Tisch*. Fellini sagte kein Wort. Später erklärte er mir, er halte die Bilder für »Spuren der Vergangenheit«, die ich »exhumiert, ans Tageslicht gebracht« hätte. Ich freute mich, dass Fellini das sagen konnte. Ich hatte lange an diesem Licht gearbeitet, denn ich wollte jene Kreide mit dem seidigen Schimmer wieder finden, die meine jungen Augen während meiner Bildungsreisen durch Italien gesehen hatten. Ich war glücklich, Fellinis Worte zu hören. Ja, eben dazu sollte meine Suche führen, zu etwas Wiedergefundenem.

Aus diesem Blickwinkel unternahm ich auch die Restaurierung der Villa Medici. Alles war so verblasst, nicht verlassen, aber abgenutzt, als hätte die Farbe der Zeit alles ausgelöscht. Mit römischen Handwerkern, die fast intuitiv die alte Kunst des *gesso* beherrschten, machte ich mich an die Arbeit. Wir restaurierten die Ausstellungssäle der Akademie, versuchten den Werken ihren Platz zurückzugeben, ohne andere Schmuckelemente als eben diese berühmte Farbe der Zeit, gedämpft und undefinierbar, auf der plötzlich die Werke von Braque und Corot erneut in ihrer eigenen Heftigkeit vibrieren konnten, im geblendeten Beben ihrer Geheimnisse, die ebenfalls aus dem Abgrund der Zeit heraufgeholt waren. Ich wusste, dass Beleuchtungen, »tiefe Spiegel«, wie Baudelaire sagte, reflektierende Kerzen die Wände beleben würden und dass diese Arbeit, zu der mich niemand gezwungen hatte, den Wert einer Schöpfung besaß, eines spirituellen, persönlichen Fortschritts in der großen Befragung der Welt.

42

Glückliche Tage voller Freude belohnten die Anstrengungen, die wir gemeinsam unternahmen, die Bewohner der Villa Medici, die Handwerker und ich. Fröhlich nahm ich die Herausforderung an, vor die André Malraux mich gestellt hatte. Hier musste alles gemacht werden. Die Villa dämmerte zwar nicht in Ruinen dahin, aber eine Art Trostlosigkeit, Müdigkeit hinderte sie daran, ihren fürstlichen Glanz von einst wieder zufinden. Ich bemühte mich voller Eifer sie zu restaurieren, bestärkt von Gräfin Setsuko, die mich bei dieser Arbeit unterstützte und die Gäste empfing und betreute. Die Archive waren uns von großer Hilfe, wir fanden darin die Pläne der einstigen Gärten und der verborgenen Schätze, die wir wieder ans Tageslicht brachten, unbeschädigte Fresken, Vögel in Volieren, verschiedenste Arten, die herumflatterten und aus ihrer allzu langen Nacht aufstiegen. Das *Vibrato*, mit dem ich die Wände tünchte, hob die Kartuschen, die Embleme, die Wappen, die Friese hervor. Der einst im Zentrum der Gärten errichtete Obelisk, der aus Santa-Maria-Maggiore stammte und von dem alle alten Stiche zeugten, existierte nicht mehr. Aus einer Mischung von Harzen und Naturstoffen formten wir sozusagen einen anderen, identischen. Ich weiß noch, wie er inmitten des *bosco* aufgerichtet wurde. Welch Freude bei all unseren Gästen, und welch tiefes Glück empfand ich selbst, einer solchen Vergangenheit neues Leben zu schenken, für die wir verantwortlich waren, wir unvorsichtigen, vergesslichen Erben!

Die Geschichte meiner Kindheit ist eng verbunden mit diesem im wahrsten Sinne des Wortes »reaktionären« Wunsch, die Traditionen zu bewahren, um wiederum erneuern, erfinden zu können. Das Milieu, in dem ich aufwuchs, war sehr darum bemüht, das Vergangene zu ehren und zu respektieren, um selbst besser voranzukommen. Es ging niemals darum, die Welt aus dem Nichts neu zu erschaffen, sondern sie zu lesen und zu verstehen, anders auf ihr zu spielen, dank des unerschöpflichen Vermächtnisses jener, die uns vorangegangen waren.

43

Von Piero della Francesca habe ich unendlich viel gelernt: seine Art, den Raum seiner Bilder zu besetzen, ihn aufzuteilen, Diagonalen zu schaffen, die dem Ensemble eine Ordnung verleihen. Seine Arbeit bringt diese Ordnung unermüdlich weiter voran, so dass ich all seine Bilder wie Schritte hin zur Perfektion sehe. Nach dem Vorbild dieses Meisters habe ich mit meinen Mitteln und der Dickköpfigkeit, die mir, so sagt man, eigen ist, immer wieder den Blickwinkel einiger meiner Bilder variiert, wie schon Bach es tat, indem er immer wieder auf ein Motiv zurückkam, es leichter machte, noch stärker spannte, reinigte. Auch Cézanne kam immer wieder auf die Montagne Sainte-Victoire zurück, bis sie zur Kraftlinie wurde, zu einem Spannungsfaden in der Landschaft. Die gleiche Annäherung findet sich bei seinen Äpfeln, die anfänglich realistisch waren und dann zu Kreisen, Planeten, Essenzen, Linien wurden, die jedoch die ganze Kraft des Apfels ausdrückten, all seinen Saft.

Man sollte in der Wiederholung meiner Bilder keine neurotische oder pathologische Obsession sehen. Nichts wäre in meinen Augen falscher, als an die bloße Projektion von Fantasien zu glauben, nichts wäre verächtlicher für die Malerei, als zu denken, sie sei nichts als ein Überlauf für Ängste und Traumbilder. Eben das war die Position der Surrealisten, und sie hielten unerschütterlich daran fest ...

Meine Serien der *Drei Schwestern* oder der *Katzen im Spiegel* antworten auf sehr viel komplexere und zugleich sehr einfache Anforderungen. Auf ein Motiv zurückkommen heißt, meiner inneren Mathematik zu folgen, meine Unzufriedenheit zur Stufe, zur Passage, zum Trampolin zu machen, um besser das Geheimnis des Werkes zu erreichen. Um zu erreichen, was das Werk, dessen Mittler ich nur bin, im Verborgenen und ohne mein Wissen sagen wollte. Deshalb verlangt die Malerei völlige Selbstaufgabe und lehnt jedes Bestreben ab, ständig das eigene Ich zu proklamieren und es wie ein Banner zu schwenken. Sie verlangt mühsame Arbeit und noch mal Arbeit.

44

Oft wird dieser Anspruch, den ich vertrete, diese innere Kraft, die den Maler lenken soll, schlecht aufgenommen. Man beschimpft mich als Reaktionär, als Nachhut, und weiß nicht, dass ganz im Gegenteil Arbeit – die Mühsal, sollte ich besser sagen – und Unnachgiebigkeit die einzigen Garanten für die Authentizität eines Werkes sind. Ich bin immer diesem Willen gefolgt, selbst in den Zeiten der Armut im Cour de Rohan.

Als das Centre Georges Pompidou gebaut wurde und alle sich darüber freuten, jeden Tag Tausende Besucher vorbeiziehen zu sehen, war ich wohl einer der wenigen, die nicht so ganz überzeugt waren, ob man sich tatsächlich freuen sollte. Diese Zurückhaltung wurde als hochmütige Verachtung ausgelegt oder als Zeichen von Stolz. Natürlich war es nichts dergleichen. Ich hatte mit Marguerite Duras in der Villa Medici, in der sie für eine Woche zu Gast war, eine recht heftige Auseinandersetzung über dieses Thema. Sie behauptete, die Kunst müsse revolutionär sein, sich allen öffnen, hinaus auf die Straße gehen. Ich sagte genau das Gegenteil und provozierte sie sogar ein wenig, indem ich entgegnete, ich könne mir gut vorstellen, dass das Centre nur für dreißig Besucher im Monat geöffnet würde, die endlich die Ruhe hätten, einen wahren Dialog mit den Bildern zu führen. Das Defilee und der Lärm dort erschienen mir abscheulich, ganz und gar dem entgegengesetzt, was das Kunstwerk verlangt: Stille, innere Musik. Marguerite Duras gefiel mein Vorschlag überhaupt nicht und sie regte sich so sehr auf, dass sie, wenn ich mich recht erinnere, nicht in der Villa schlief und ihr Zimmer, gewiss nicht das schlechteste, das Kardinalszimmer, ihrem Sohn überließ ...

Diese Anekdote erklärt ein wenig, was ich oben gesagt habe: Man ignoriert heute die Jahrtausende alten Tugenden der Stille und der Arbeit, des geheimen, tiefen Dialogs mit dem Unsichtbaren, das ich auch das Göttliche nenne, man ignoriert, dass diese scheinbare Rekonstruktion auf der Leinwand von sehr weit her kommt, von einem uralten Ort. Stattdessen sehe ich überall nur Selbstdarstellung, Getöse, spontane, impulsive Inspiration, die glauben macht, jeder könne malen. Ich höre von der Demokratisierung der Kunst sprechen und mithin von ihrer Banalisierung, ich werde konfrontiert mit der Ignoranz des Künstlers, der die Anmaßung besitzt, sich für einen Schöpfer zu halten, das heißt für Gott selbst, wenn ich es recht verstehe ...

45

Deshalb soll sich der Künstler nicht zum Geschichtenerzähler machen. Die Anekdote sollte es in der Malerei nicht geben. Ein Bild, ein Sujet drängen sich auf, sie allein kennen all die Tiefen und schwindelerregenden Momente der Malerei. Es geschieht nichts in einem Bild, es *ist* ganz einfach, es ist an sich oder es ist nicht. Baudelaire sagte, ein Gedicht sei da, ehe es da sei, andernfalls wäre es etwas Narratives, vom Künstler Gewolltes, Gebrochenes. Ein Bild oder ein Gedicht entziehen sich diesen Banalitäten, sie haben eine schreckliche Freiheit in sich, eine heftige Gewalt, die nichts verlangt. In diesem Sinne ist der Künstler nur das Glied einer Kette, die sehr weit zurück in der Zeit beginnt, in Lascaux zum Beispiel und sicher weit vor Lascaux. Es gibt keine Überlegenheit Chardins gegenüber Lascaux, keine Hierarchie. All diese schöpferischen Etappen ordnen sich ein in denselben Gesang, den Gesang der Welt, den tausendjährigen Schatz der Welt, von dem ich nichts weiß, der mir jedoch Botschaften schickt, den Glanz eines Lichtes oder eines Sterns. Und der Künstler sucht ohne Unterlass das Feuer wieder zu finden, von dem dieses Licht herrührt, die Feuerstelle, die Funken aufsteigen lässt. Mozart weiß das, er schöpft die fließende Bewegung seiner Musik aus diesem geheimnisvollen Schatz, er besitzt die Gnade, sie ans Tageslicht heraufgeholt zu haben, an unser Tageslicht. Deshalb höre ich Mozart so andächtig, mit fast heiligem Genuss und Jubel. Mozart hören, wie man betet, weil seine Musik die geheimen Schwingungen der Welt eingefangen hat. Dieselbe Gnade muss den Künstler in der Malerei erfüllen. Dieselbe Suche nach Harmonie. Landschaften und Kinder kennen zuweilen diesen wunderbaren Zustand, sie sind mein Material: die fast pulverige Konsistenz einer Kinderwange oder die kreidige Herbheit einer vor dem ersten Frost vom Baum gefallenen Quitte. Auch hier die Erinnerung an die von Baudelaire aufgezeigten Analogien:

»Da gibt es Düfte, wie die Haut von Kindern frische, süß wie Oboen, grün wie eine junge Wiese ...«

46

Dem Kunstkritiker John Russel, der mich nach Anekdoten aus meinem Leben fragte, um seine Begrüßungsrede für die Retrospektive meiner Werke zu füllen, die 1965 in der Londoner Tate Gallery stattfand, schickte ich ein kurzes Telegramm: »Beginnen Sie so: Balthus ist ein Maler, über den man nichts weiß. Man kann sich jetzt seine Bilder ansehen.«

Das war für mein Empfinden weder ein Scherz noch Koketterie. Ich habe stets geglaubt, das einzige für einen Maler gültige Wort, das Bedeutungsvollste und letztendlich Verlässlichste seien natürlich seine Bilder, mit denen er so viel Zeit verbracht hat, mit denen er so vertraut war und die allein sehr viel mehr sagen als jede Rede. Wenn ich mich heute entschließe, diese Erinnerungen in Form kurzer Meditationen, in der Art von Montaignes Essays wiederzugeben, so nicht aus testamentarischer Sorge, sondern vielmehr, weil ich die Notwendigkeit empfinde, an meinem Lebensabend gewisse Momente meines Daseins festzuhalten, die es bestimmt und begleitet haben. Mein Leben war eine lange Mühsal, über die ich mich keineswegs beklage. Im Gegenteil, die Nähe zu meiner Malerei, der fortwährende Dialog, den ich mit ihr führte, ersetzten allen Ruhm dieser Welt, zu dem man mir jetzt, wie es heißt, Zugang gewähren will. Doch diese Anerkennung ist mir ehrlich gesagt ziemlich gleichgültig. Es genügt mir, das unsagbare Glück zu kennen, das jeden Maler vor seinem Bild überkommen muss, die warme Atmosphäre meines Ateliers wieder zu finden, den kurzen Weg vom Chalet dorthin zu gehen und das Werk fortzusetzen. Es ist in gewisser Weise eine Mönchsarbeit, eine Regelmäßigkeit, die sich mit dem unverrückbaren Lauf der Tage und Nächte vergleichen lässt, mit der Rückkehr des Schnees in jedem Winter, der Ankunft der ersten Flocken, dem Grün, das die Berge im Frühjahr mit einem Schlag bedeckt. Es gibt keinen wirklichen Unterschied zu der Zeit im Cour de Rohan, in Champrovent oder Chassy. Es gibt nur die Treue, beharrlich, starrköpfig gar, die irgendwann keine Wahl mehr ist, sondern etwas Wesensgleiches, etwas Wichtiges und Schicksalhaftes.

47

Ich war ein Maler, der gern las. Heute, da meine Augen mir diesen geduldigen Dialog mit den Büchern kaum noch gestatten, bitte ich meinen treuen Liu oder auch die Gräfin, mir etwas vorzulesen. Fernsehen und Musik haben allmählich den unermüdlichen Umgang mit dem Text ersetzt. Ich habe oft junge Mädchen beim Lesen gemalt. In dieser Beschäftigung sah ich gewiss eine noch bessere Möglichkeit, in das Geheimnis des Daseins einzudringen. Durch das Lesen gewinnt man Zugang zu den Mythen. Green, Gracq, Char, Jouve, Michaux, Artaud waren oft wichtige Mittler, auch die großen heiligen Texte der Bibel, Dante, Rilke, die Dichter der Pléiade, die großen Chinesen, die Mystiker Johannes vom Kreuze und Teresa von Avila, ohne Carroll zu vergessen und Ludwig Tieck, jenen reinen, romantischen deutschen Dichter, die indischen Epen … All diese Texte, all diese Autoren haben mein Leben geprägt und mir eine neue Dimension der Zeit gewiesen, von der ich mich schon sehr früh angezogen fühlte. Meine lesenden jungen Mädchen, *Katia*, *Frédérique* oder *Die drei Schwestern*, entspringen wie auch die Träumenden einer flüchtigen, verderblichen Zeit. Was zählt, was sie im Akt des Lesens oder Träumens verharren lässt, ist, dass sich durch die Gnade eines Vorhangs, der sich plötzlich einem anderen Licht, einem anderen Fenster öffnet, das Privileg einer erahnten, wunderbaren und magischen Zeit verlängert, die nur jene sehen lässt, die sehen können. Das Buch ist also ein Schlüssel für den geheimnisvollen Koffer mit dem Duft der Kindheit, man rennt hin, um ihn zu öffnen, wie das Kind zu den Schmetterlingen oder das Mädchen zum Nachtfalter. Mit Goldpuder bedeckte Zeit, die nicht die Entstellung der Welt erlitten hat, von einer magischen Aureole umhüllte Zeit, erstarrt in dem, was die lächelnden Träumerinnen sehen. Surreale Zeit im eigentlichen Wortsinn, nicht surrealistisch, nicht, was die Maler jener Schule daraus gemacht hätten.

Welches Buch liest Katia? Ich weiß es nicht und es steht mir nicht zu, es wissen zu wollen. Was ich weiß, ist nur, dass ihr aufmerksamer Blick sie beim Lesen in Welten zu führen scheint, deren Fremdheit sich durch die glatte Oberfläche der Wand enthüllt, die in Farben gestrichen ist, »die nicht existieren«, wie Hoffmann in einer Novelle sagen würde.

Auch wenn ich nicht mehr mit der Gier von einst lese, so liebe ich es doch noch immer, ein Buch in der Hand zu halten. Seine Form, sein Material sind Zeichen eines Rufes, einer Kraft.

48

Deshalb ziehen mich Texte an, deren ungewöhnliche, befremdliche Fantasie dem Leser hilft, das berühmte, so oft ersehnte »Wunderland« deutlicher zu erahnen. Vielleicht lässt sich diese Neigung auf meine schottischen Vorfahren zurückführen, denn es heißt, eine meiner Ahninnen sei mit Lord Byron liiert gewesen. Vielleicht habe ich von ihr und von dem, was der große englische Dichter ihr vermittelte, den Geschmack an den Verzerrungen der Zeit, an jenen scheuen, unbekannten Zwischenzuständen und weltenfernen Klimazonen geerbt? Natürlich half mir Lewis Carroll mit seiner Alice, dem Zauber der Kindheit Gestalt zu verleihen. Er hatte, das erkannte ich in den Fotos seines Modells und in seinem Buch, all das verstanden, was die wirkliche Natur der Kinder an unendlich vertrautem Unbekannten besaß, an bewahrtem Geheimnis und tiefster, ich meine ursprünglicher Unschuld, dem Wesen von Engeln gleich. Schon sehr früh vernahm ich diesen Ruf der Kindheit, meine Übertragung von *Sturmhöhe* zeugt noch davon. Also nicht nur Carroll, sondern auch William Blake, dessen funkelndes, üppiges Illuminatentum in seinen Bildern ebenso wie in seinen Gedichten Quelle der Schöpfung und Erfindung war. Man erzählt oft, der Künstler müsse von null beginnen. Selbst Ingres sagte seinen Schülern, zuviel

Wissen zerstöre das Bild. Ich glaube vielmehr, man muss sein wie die Renaissancedichter, die sich auf ein antikes Wissen beriefen, auf eine Tradition, als deren Nachkommen sie sich verstanden, und die davon ausgehend neue Formen erfanden. Diese wohlverstandene Einverleibung hat zu großartigen Ergebnissen geführt. Was wäre wohl aus mir geworden ohne meine Wallfahrten, wenn ich mein kleines Zimmer mit Terrasse über der Piazza della Santa Croce in Florenz verließ und mich nach meiner bescheidenen Arbeit (ein Bote mehr) zur Kirche Santa Maria del Carmine begab, um die Masacciokapelle zu betreten? Was wäre aus mit geworden ohne meine Aufenthalte in Castiglione d'Olona, wo ich Masolino bewunderte, in Arezzo, wo ich Piero della Francesca kopierte, in Borgo San Sepolcro, wo ich versuchte, die kluge Symmetrie der *Auferstehung* meines teuren Piero zu verstehen, oder auch in Siena, wo ich mich an ganze Nachmittage erinnere, die ich damit verbrachte, Simone Martini zu studieren? Und meine langen Besuche bei Poussin, Corot, Courbet, Cézanne, wo ich dieselbe Askese, dieselbe kraftvolle Zeichnung fand wie bei meinen geliebten Toskanern?

49

Nach Jahren, die weder Irrwege waren noch Exil (ich denke an meine Reisen, an Paris, Chassy, Rom), sondern vielmehr Etappen einer fruchtbaren Pilgerreise, lebe ich heute in der Schweiz, weil mich an dieses Land sehr zarte, unsichtbare emotionale Bande fesseln. Zunächst war es das Land meiner Kindheit und Jugend, als wir mit meinen Eltern und später mit meiner Mutter in Beatenberg Ferien machten. Es war das Land meiner ersten Schritte als Maler, in dem mir das spirituelle Gefühl bewusst wurde, das den Bergen eigen ist, das Gefühl für die Höhe. Die einfachen Sitten der Dorfbewohner, die in diesen Bergen des Wallis fortbestehen, gefallen mir gut und sind mir sehr vertraut. Die Schweizer Berge bleiben also für mich ewig mit der Kindheit verbunden, als wir Ausflüge zum Thuner See unternahmen oder auf das Niederhorn kletterten mit seinem steilen Talzirkus und den tausendjährigen Felsen, die ihre Verwerfungen und ihre in der Zeit erstarrten Bewegungen preisgaben. Diese Landschaften waren Offenbarungen für mich, feste Verankerung, sie formten, was ich meine geheime Geometrie, meine innere Mythologie genannt habe. Später malte ich *Das Gebirge* und erinnerte mich dabei an diesen grandiosen Anblick, das muss um 1935 gewesen sein. Ich habe auf dem Bild sieben Personen dargestellt, Spuren von

Menschen, die ich kannte und die mir vertraut geblieben, die in meine Erinnerung eingegraben sind: neugierige Touristen am Rand des Abgrunds, ein junges Mädchen mit flammender Brust, Kindheitsfreunde, von denen einer an Blinddarmentzündung starb, ein Schäfer mit purpurroter Weste und Puffärmeln, während eine abgewandte Gestalt einsam von dannen wandert, diese Personen verlassend, zweifellos der Maler selbst. Ich erinnere mich an die langsame, schwierige Arbeit an diesem Bild. Ich trug mich zwei Jahre damit herum, unterstützt von Ratschlägen Giacomettis und Derains, die sich lange über das Motiv ausließen und ihr Urteil abgaben. Begehen wir nicht die Sünde falscher Bescheidenheit: Alberto gefiel der Aufbau des Bildes, die Anordnung der Felsen sehr gut; er sah darin irgendeine Freud'sche Interpretation, über die ich nur lachen konnte, denn ich wusste, dass ich *Das Gebirge* genau so gemalt hatte, wie es gewiss auch noch heute ist, mit den Herden, die sich einen schmalen Weg durch die Täler bahnen, der grünen Moosdecke, den schrägen Schatten, die die Klarheit der Felsen hervorheben, und den Streifen und Spalten, die von geheimnisvollen, schrecklichen geologischen Verwerfungen künden. Derain hingegen, wohl von der Freundschaft und der Sympathie, die er mir stets entgegenbrachte, mitgerissen, erwähnte die Felsen Giottos, die man sich in Padua anschauen kann.

Ich habe auch heute noch diese Intuition für das Gebirge, für das, was es uns lehrt und verstehen lässt. Erlebte ich nicht an diesem selben Ort bei der Lektüre der chinesischen Meister gleichsam wie eine Offenbarung die Gewissheit, dass vom Okzident bis zum fernen Orient alles eins ist? Dass die felsigen und fleckigen Hänge des Niederhorns denen des Song-Gebirges im alten China wie Geschwister gleichen?

Alles strebt zusammen und verbindet sich. Es gibt nur noch diese unendliche Schönheit der Welt, die man in der Jugend erfassen muss, in ihrem bebenden, noch unberührten Glanz.

50

Ich komme noch einmal auf die Schwierigkeit zurück, die diese Memoiren mir bereiten, und denke an meinen früheren Freund Michel Leiris, der wusste, wie unmöglich ein solches Projekt ist. Denn wie soll man zu dem gelangen, was mein Bruder Pierre Klossowski das »Rätsel« nannte und was man niemals mitteilen kann? »Es gibt in jedem Menschen einen unveränderlichen Grund«, sagt er. Etwas, das nicht zu den normativen Gesellschaftscodes gehört, sich nicht mit ihnen gleichsetzen lässt und jedes Ich besonders und einzigartig macht. Nicht einmal man selbst kann hoffen, diesen Schwindel erregenden Grund zu erreichen, das, was Meister Eckhart, einer meiner Lieblingsautoren, auch »den innersten Grund« nannte. Deshalb lehne ich zum Beispiel die erotischen Interpretationen ganz und gar ab, die viele Kritiker und andere Leute zu meinen Bildern abgeben. Nicht mit Blick auf eine erotische Vision, in der ich der Voyeur wäre und ohne mein Wissen (und vor allem ohne mein Zutun) irgendwelche nicht einzugestehenden oder manischen Neigungen enthüllen würde, habe ich dieses Werk schaffen können, diese Gemälde und Zeichnungen, die voll sind von jungen, unbekleideten Mädchen, sondern mit Blick auf eine tiefe, gewagte, unvorhersehbare und unlesbare Realität, die sich endlich enthüllen, ihre märchenhafte

Natur und ihre mythologische Dimension offenbaren könnte, eine Traumwelt, die ihre Mechanismen eingestehen würde.

Sehen wir also in *Thérèse träumend* oder in *Das Zimmer* keine Spiegel, keine erotischen Akte, in denen sich Anatomie und Libido anstößig vereinen, sondern vielmehr die Notwendigkeit, etwas sichtbar zu machen und einzufangen, das keinen anderen Ausdruck finden kann als dieses für das Wort nicht Greifbare, nicht zu Entziffernde, das dennoch vibriert und hallt, Teil ist von dem, was Camus »das pochende Herz der Welt« nannte.

Die Malerei war für mich immer das Mittel, das Werkzeug, der zwangsläufige Weg dieser fremden und verbannten Form der Artikulation, die es ans Tageslicht zurückzubringen galt. Auch mein Bruder Pierre kennt diese seltsame Alchimie, zu der die Malerei manchmal Zugang gewährt, er, der sie anfänglich mit Worten zu erklären suchte und sich schließlich entschloss, die Worte aufzugeben, etwa so wie Rimbaud, um ihnen die Erfahrung des Zeichnens und der Malerei vorzuziehen, denen er sich seither ganz und gar widmet. Langsam hat sich diese Notwendigkeit in ihm festgesetzt, sich schließlich ganz aufgezwungen und ihm befohlen, die Romane zu opfern für das, was er »das stumme Gespräch« des Bildes nennt. »Das Bild ist eine Macht«, sagt er, das glaube ich ihm gern, und er fügt hinzu: »Ich versuche nicht, die Theophanien zu vertiefen«. Man muss das Bild als ein Zur-Welt-Bringen ansehen, ein Kommen im religiösen Sinn des Wortes, seine Unlesbarkeit auf gleiche Weise eingestehen wie Maria, die nach der Heimsuchung durch den Engel niemals zu erklären sucht, was in ihr geschehen sollte. Unschuld des Erscheinens.

51

Weil mir der Mensch so wehrlos erschien, so »flüchtig in der Welt«, wie Saint-Exupéry sagte, habe ich mich wieder der Porträtkunst zugewandt, die ebenfalls im Namen der sakrosankten Abstraktion aufgegeben worden war. Ich habe im Historischen Museum von Bern lange die unvergleichlichen Porträts von Holbein, Cranach und den Brüdern Le Nain betrachtet, bewundert und kopiert. Porträts auf Bestellung, erfasst im Kern ihrer Identität, deren Personen fast naiv wirken in ihren mit Borten gesäumten Kleidern. Mir schien, als seien diese Bilder, über die von ihnen verkörperte historische oder lokale Welt hinaus, gekommen, um das Geheimste ihres Seins zu offenbaren. Sie erreichten gerade durch ihre Einfachheit jenen »innersten Grund«, von dem ich eben sprach. Als ich mich den Porträts widmete, wollte auch ich den Menschen, die für mich Modell saßen, ihre symbolische, spiegelnde, ikonische Wahrheit zurückgeben. Sie gewissermaßen wieder ihrem Ruhme zuführen. Der Volkskunst ist es oft gelungen, diesen geheimen Teil wiederherzustellen, der sich in jedem Menschen findet, weil sie nicht seine psychologischen Zonen berührt, sondern in ihrer elementaren Naivität den Puls seiner wahren Natur erfassen kann. Das ist sehr schwer auszudrücken, es fällt mir viel leichter, die Malerei für mich sprechen zu lassen. Man sollte immer im Hinterkopf behalten, dass der Maler tief in die archaische Geschichte zurückgehen muss, eine langsame orphische Arbeit, um den Funken einzufangen, der niemals erloschen ist, der jedoch zugedeckt oder unbeachtet blieb. Hiervon ließ ich mich leiten, als ich André Derain in seinem Ruhm als großen Zauberer darstellte oder auch die Frau, die für *Der weiße Rock* posierte, mit ihren roten, goldbestickten Schuhen und dem Faltenrock aus Satin, mit einem Korsett, wie es die Renaissancekünstler malten, all dies Embleme ihrer hingegebenen, schmachtend dargebotenen Anmut.

Vielleicht erinnerte ich mich auch der Lehren meines Vaters und seiner Bewunderung für Daumier, der keineswegs nur ein Karikaturist war, wie viele glaubten, sondern ein mächtiger visionärer Maler, der seinen eigenen Blick über die Erscheinung hinaustrieb und so das Mysterium berührte. Meine Porträts sind keine soziologischen Dokumente, sondern Seelenfragmente, zart und gleichzeitig mächtig, weil sie die Kraft besitzen, auch im Verborgenen stets lebendig zu bleiben. Das Bild gibt den Figuren Licht und Kraft zurück, man könnte sagen eine heraldische Macht. So wollte ich in Setsuko, die für die *Japanerin mit schwarzem Spiegel* und die *Japanerin mit rotem Tisch* Modell stand, die hieratische Würde der Gestalten der großen chinesischen Malerei wieder finden, die reglose, erfüllte Stille, die diese Malerei entwickelt. Ihre Fremdheit und ihre Undurchsichtigkeit, die unübertroffen sind.

52

Alles kommt von der Kindheit her, jenen Irrwegen, jenen Jahren des Exils, zu denen uns die Weltgeschichte zwang. Wie sollte man sich nicht von jener kreativen Atmosphäre mitreißen lassen, die in meinem Elternhaus herrschte? Glückliche Pariser Tage mit meinem Bruder Pierre, meinem Vater Erich und meiner Mutter Baladine, deren sanftes ovales Gesicht zärtlich von einem Band schwarzer Haare umhüllt wurde und deren ernster und dunkler Blick mir so gegenwärtig ist! Weil mein Vater Kunsthistoriker ist, empfangen wir bei uns in der Rue Boissonade und später in Saint-Germain-en-Laye die neoimpressionistischen Maler. Meine Mutter besucht die Kurse von Bonnard, der regelmäßig zu uns nach Hause kommt, und Pierre, drei Jahre älter als ich, zeichnet, gepackt vom künstlerischen Fieber, das zu jener Zeit grassiert. Seltsames Glück, ungreifbar und unmöglich zu bewahren, als 1914 der Krieg ausbricht und meine Familie beschließt, nach Deutschland zu gehen. Es folgt die Zeit der Kriege und der Trennungen, der französischen Kindermädchen, denen man meinen Bruder und mich anvertraut. Nun leben wir in ständiger Gewissheit, dass sich alles wandelt, flüchtig und vergänglich ist. Dass sich mir die Malerei mit solcher Eindeutigkeit aufgedrängt hat, geschah nicht von ungefähr. Sie ließ mich die tausendjährigen

Verankerungen der Welt wieder finden, sie ließ mich durch Zeiten und Länder reisen, sie gab mir den klingenden und fließenden Nachhall der uralten Fabeln. Sie erlaubte mir, nicht den Wanderungsströmen des Lebens nachzugeben, sondern vielmehr die wahre Erscheinung zu erahnen.

Ich denke an das einzige Porträt meiner Mutter aus ihrer Jugend. An ihren tiefen, beinahe schmollenden Blick, den Blick eines Menschen, der den Geist der Kindheit, ihre Geheimnisse und ihre Gnade nicht aufgegeben hat, auch wenn die Zeit die Zähne wetzt. Ja, ich denke an meine Mutter, die dazu beitrug, mich diese leise, gedämpfte Musik einer anderen Welt hören zu lassen, die niemand jemals vollständig zerstören kann. Strahlende, lebendige Zeit. Zeit des Königreiches. Vollendete Zeit der Malerei.

53

Wenn ich Mozart höre, seinen Ernst und seine Fröhlichkeit, seine leichte Sorglosigkeit und seinen tiefen Schmerz, dann sage ich mir, dass am Ende meines Lebens nichts vergeblich und ohne Folgen war. Der Gang durch das Jahrhundert, dem ich mich nicht zu entziehen vermag, hat mich verzaubert und mir den Weg gewiesen. Dank der Menschen, die mir begegneten, und der Freundschaften, die ich geknüpft habe, durfte ich die schöpferischsten Geister kennenlernen, jene, die wahrhaftig dieses Jahrhundert gestaltet haben: Camus, Saint-Exupéry und seine charmante, zungenfertige Gattin Consuelo, die es immer wieder verstand, die erbaulichen Nachmittage bei Pierre Jean Jouve mit Fröhlichkeit zu erfüllen. Ich begegnete den geheimnisvollsten Menschen: Maurice Blanchot, Louis-René des Forêts, Henri Michaux. Den subversivsten Geistern: Bataille, Pieyre de Mandiargues, Daumal. Den spirituellsten Persönlichkeiten: Marie-Madeleine Davy, Guitton, Johannes Paul II. Und den erfinderischsten Künstlern des 20. Jahrhunderts: von Picasso bis Dalí, von Bonnard bis Derain, von Matisse bis Braque. Sie alle brachten mich, was für ein Paradox, zu den Ältesten zurück, den großen Klassikern, den unschätzbaren Tiefen der europäischen Kultur, die ich so sehr liebte und studierte und die zum Sühneopfer (ich selbst war mit meinen Freunden Zeuge) von Kriegen, Katastrophen aller Art, Deportationen, zerstörten moralischen Werten und allerhand Leichtfertigkeiten wurde. Man muss sich bemühen, die Seele wieder zu finden, die beschädigt, ausgelöscht wurde, arbeiten, um den Zauber der Welt wieder zu erwecken. Das ist die Aufgabe der Künstler. Ich glaube an diese erhabene Mission. An die hartnäckige Suche nach Harmonie, an die Entdeckung der Schönheit, zu der jede Malerei aufgerufen sein sollte. Ob mein teurer Ramuz, der in seiner Schweizer Erde verankert ist, oder Segalen, den ich dank Rilke entdeckte und dessen Gedichte mich gelehrt haben, dass die Wahrnehmung dessen, was er »das Diverse« nannte, sich »ausgiebig am ganzen Universum« zu bereichern hieß – ob der eine oder der andere, der Sesshafte oder der Reisende, man muss die entlegensten Geheimnisse am Ende aller Dinge, in ihrem Anderssein suchen. Malen heißt für mich, China und »das ganze Universum« zu erreichen, denn die Berge, denen man dort begegnet, sind ebenso unergründliche Brunnen.

54

Die Jahre in Chassy, 1954–1961, gehörten zu den schöpferischsten meines Lebens, sie waren von der wildesten Einsamkeit erfüllt. In Gesellschaft meiner Nichte Frédérique fertigte ich dort eine Vielzahl von Zeichnungen und großen Gemälden, vor allem Landschaften und Stillleben, zu denen dieses Haus nahe Nevers, das einst den Grafen von Choiseul gehört hatte, förmlich einlud. Das massive, in sich ruhende Gebäude hatte etwas Klösterliches, aber die geschlossene Struktur reizte nicht nur zur Zurückgezogenheit, denn meine Freunde besuchten uns dort; Pierre Matisse und seine Frau, Giacometti und viele andere, mit denen wir in demselben Verlangen nach Schönheit und Erkenntnis verbunden waren. Irgendetwas in mir hat nie von dem tiefen religiösen Streben abgelassen, und die großen Landschaftsbilder, zu denen der Morvan inspirierte, diese hügelige Unendlichkeit, in der sich Felder und Wälder abwechseln, trugen zur Wahl dieses Wohnsitzes bei. Dafür verließ ich Paris. Trotz meiner Einsamkeit hatte ich dort die Rhythmen und die Bewegung städtischen Lebens ausgeschöpft. In Chassy, auf diesem so erdverbundenen Besitz, der in seiner Verwitterung und seiner unendlichen Größe den wesentlichen Dingen so nah war, der gleich einem Echo von Gewissheit und Wahrheit kündete, in Chassy fand ich eine Kraft, aus der ich wieder schöpfen konnte, Stoff, um meine Suche voranzubringen.

Deshalb habe ich oft die Mönche um das milde Gleichmaß des Klosterlebens beneidet, diese Lebensordnung, aus der man wie sprudelndes Wasser die tiefe Musik der Stille schöpfen kann. Ich habe mir oft vorgestellt, dass meine Jugend, die sich nicht nur aufgrund der Misshelligkeiten der Geschichte, sondern auch aufgrund der Trennung meiner Eltern am Humus des Exils genährt hat, die Wahl meiner späteren Wohnorte lenkte, offene Orte, wie Rilke sagte, im »Offenen«.

55

Diese Vorahnung des »Offenen«, an die mich Rilke herangeführt hatte, konnte sich jedoch nicht von der Vorahnung des Todes, des Verfalls, der langsamen und endgültigen Erosion der Spiritualität lösen. Die langen Jahre mühevoller Arbeit, meine Anstrengungen, die 1934 durch die erste Ausstellung in der Pariser Galerie Pierre Matisse belohnt wurden, waren bereits von der Ahnung des Zerfalls der Welt erfüllt. Der Krieg begann, aber wir hatten seine Gespenster, das Unglück und die Katastrophe schon lange heraufziehen sehen. So fügte ich mich mit einer gewissen Akzeptanz des Unglücks, wie Pierre Jean Jouve sagte, als ich gleich am 2. September mobilisiert und an die Front geschickt wurde. Irgendetwas, das mir erneut Exil und Einsamkeit brachte, war dabei sich zu vollenden. Doch ich kehrte aus dem Krieg zurück, war haarscharf dem Tod entronnen und erlebte meinen Aufenthalt in Savoyen wie eine Erlösung, eine Wiedergeburt.

Sommer 1940: Ich erinnere mich an das Fieber, das mich erfüllte, an das übermächtige Verlangen zu malen. Die Malerei erschien mir als einziger Ausweg aus der Zerstörung, als einziger Fels, der noch das Schöne garantierte, es bewahren konnte. Als das einzig mögliche Wort. Paris war zu einer fremden Stadt geworden. Wie sollte ich das obszöne Eindringen der Besatzer akzeptieren, das Leiden der Besetzten, die Verleugnung, die Auflösung einer ganzen Kultur, die mich genährt hatte? Ich brauchte die Luft des Gebirges, Savoyen, später die Schweiz. Mir schien, an diesen Orten könne sich das Denken erneuern, wieder geboren werden, sich erfinden. Abermals erfuhr ich, dass das Werk allein in der wilden, hartnäckigen Einsamkeit entstehen konnte. Die Bilder, die ich damals malte, wurden 1943 in der Galerie Moos in Genf ausgestellt. Nachdem ich einige Monate in Bern gelebt hatte, wohnte ich 1942 in der Nähe von Freiburg und malte mit Vergnügen die Umgebung, vor allem das Tal des Gotteron und seinen vorspringenden Felsen, dessen einzelne Gesteinsschichten sichtbar waren, ein wahrhaftiges Mausoleum roher Mineralien, schroff, in ganzer Höhe durchtrennt. Die Heftigkeit der Landschaft, gemäßigt durch die Sarine, die weiter unten den Windungen ihres Flussbettes folgte, war wie eine Metapher der Zeiten, die wir durchlebten. Aber diese Periode war letztendlich fruchtbar, sie hatte mich zur Arbeit zurückgebracht, der Malerei wiedergegeben. In diesen erstickenden, ungewissen Jahren war das Eintauchen in die Welt der Bilder bereits eine Befreiung, eine Erlösung.

56

Die Vorahnung des Todes erlebte ich erneut, allerdings an einem Tag im Frieden, in Rom, Anfang der sechziger Jahre. Ich habe diese Geschichte zuweilen in Form eines Märchens oder einer Fabel erzählt. Ich verließ die Villa Medici und ging zu einem Gießer, dem ich eine Restaurationsarbeit anvertraut hatte. Kaum hatte ich seine Werkstatt betreten, sah ich eine Büste von Giacometti, die mich zu empfangen, zu erwarten oder zu warnen schien, ich weiß es nicht. Ich vermochte meine Bestürzung nicht zu verbergen, meine Verwirrung war außerordentlich und ein Unwohlsein überfiel mich. Ich erkundigte mich nach dieser Büste, wollte wissen, weshalb sie dort sei. Der Gießer erklärte mir, ein Sammler habe sie aus Paris geschickt, wegen einer Oberflächenbehandlung. Die Erklärung befriedigte mich nicht, ich war voller Bewunderung für die durchlöcherte Skulptur, ein zersprengter Meteorit. Ich brach meinen Besuch ab und kehrte in die Villa zurück, besorgt und überzeugt, einem bösen Vorzeichen begegnet zu sein.

Als ich heimkam, erfuhr ich vom Tod meines Freundes Giacometti.

Ich glaube an diese geheimen Zeichen, diese Rufe aus großer Ferne, diese schicksalhaften Koinzidenzen, weil sie uns mit den unsichtbaren Dingen verbinden, die man nicht leugnen kann.

57

Ich verdanke es sicher meinem christlichen Glauben, dass ich völlig unempfänglich bin für gesellschaftliche Verführungen, für den berüchtigten Personenkult, zu dem die moderne Welt die Künstler zwingt. Die Wüstenväter, die Apostel, die uns Führer und Leitstern sein sollten, predigen Askese, jene extreme Nacktheit, die mir Zugang zu meiner inneren Vision gewährt, zu dem, was ich wirklich bin. Stattdessen fordert die Gesellschaft die Menschen immer wieder auf, sich von sich selbst zu entfernen, Spiegel vor ihre Gesichter zu stellen, die nicht die Wirklichkeit abbilden. Es sind nur Lügen, Alibis und Masken. Der Kunstmarkt ist von einem solchen Wundbrand infiziert, und die sakrosankte Unterschrift des Malers ist mehr wert als sein Bild selbst. Welch Absurdität, welch Eitelkeit, wenn man sich der Vergangenheit zuwendet! Wie weit sind wir doch entfernt von der Schamhaftigkeit der Alten, von ihrem Verlangen nach Zurückgezogenheit! Für Poussin war es wirklich die letzte Formalität, sein Bild zu signieren.

Die moderne Malerei hat nicht wirklich verstanden, dass es das erlesene, höchste Ziel der Malerei ist (wenn sie überhaupt eines hat), ein Werkzeug zu sein, ein Weg, die großen Fragen der Welt zu beantworten, die noch nie entschlüsselt, niemals vollständig gelesen wurden. Das Große Buch des Universums bleibt undurchdringlich und die Malerei ist ein möglicher Schlüssel, Zugang zu ihm zu erhalten. Deshalb ist sie ohne jeden Zweifel religiös, also spirituell. Beim Malen gehe ich in der Zeit zurück, in die Geschichte, ich gelange zwangsläufig zu einer Urgeschichte, einer unbestimmten, ursprünglichen Zeit. Einer Zeit, die gerade geboren ist. Das Werk erlaubt mir also, den ersten Tag zu erleben, doch das Abenteuer ist extrem und einsam, wenngleich mit der gesamten vergangenen Geschichte beladen. Eben deshalb kann ich nicht oft genug erklären, dass die Arbeit des Malers nicht von der seiner Vorläufer zu trennen ist. Bei null und mit nichts anzufangen, hat überhaupt keinen Sinn, wenn sich der Maler nicht zunächst aus der gesamten Kunstgeschichte genährt, sie nicht in sich aufgenommen, und erst dann durch das verklärt hat, was er ist, was er sieht und empfindet.

Die Malerei ist etwas sehr Körperliches und zugleich sehr Geistiges. Malen heißt, die Seele durch den Körper erreichen. Niemand kann dies für sich beanspruchen, wenn er nicht zuerst das wunderbare Glück erfährt, mit der Hand über die Leinwand zu streichen, die Pigmente vorzubereiten, die Spannung der Leinwand zu kontrollieren und in die Welt der Farbe einzutauchen. Die intellektuellen Verirrungen der surrealistischen Experimente sind Anti-Malerei. Zu viele Kopfgeburten, zu viele Possen behindern die manuelle, handwerkliche Arbeit und verhindern demzufolge den Aufstieg zur Seele. Wenn man an eine abartige Erotik meiner jungen Mädchen glaubt, bleibt man dem Boden der materiellen Dinge verhaftet. Dann versteht man nichts von der schmerzlichen Sehnsucht der Heranwachsenden, von ihrer Unschuld, dann ignoriert man die Wahrheit der Kindheit.

58

Ich glaube zutiefst an das Genie der Malerei, das dem Genie der Kindheit gleichkommt. Malerei ist die Sprache, derer ich mich mein Leben lang bedient habe, ohne es jemals wirklich zu beschließen, denn sie entsprach mir weit mehr als das Schreiben, das zu explizit sein will und zu direkt zum Sinn gelangen möchte. Deshalb hätte ich niemals Schriftsteller sein können, wie viele meiner Freunde es waren. Nur diese kurzen Texte, die Briefen gleichen, können vielleicht bestimmte Aspekte meines Lebens erklären. Mein Sohn Thadée hat ein Bündel Briefe gefunden, die ich meiner ersten Frau geschickt hatte, der Mutter meiner beiden Söhne, Antoinette de Watteville. Das Schreiben ist für mich nur in diesen Ellipsen möglich, die es mir erlauben, mich zu sammeln und in sehr dichter Form auszusprechen, was die Malerei so wunderbar übersetzt, manchmal gar ohne das Wissen des Malers selbst.

59

Einer meiner liebsten Freunde war Pierre Colle, der seit den dreißiger Jahren bis zu seinem Tod im Jahre 1948 meine Bilder verkaufte. Er war ein sehr erfahrener und sehr intuitiver Mensch. Er wusste sich mit allen ungewöhnlichen und schöpferischen Persönlichkeiten zu umgeben, die Paris in jener Zeit kannte: Picasso, Dufy, Braque, Lurçat, Max Jacob, Soutine, Matisse, Chirico, Giacometti, bis hin zu Frieda Kahlo. Er wagte es, Brassaï auszustellen und damit die Fotografie auf die Stufe der Malerei zu erheben. Er kümmerte sich um mich und bemühte sich sehr, ein Netz von Sammlern für mich zu schaffen. Seine Galerie befand sich in der Rue Cambacérès 29.

60

Wenn ich mich auf den Fotos aus jener Zeit sehe, entdecke ich einen unruhigen, einsamen und aggressiven jungen Mann. Ich finde viel Angst und Melancholie. Aber vielleicht habe ich gerade dadurch so große Gewissheit in meiner Arbeit erlangt. Man darf darin nicht Eitelkeit oder Selbstgefälligkeit sehen. Es ist das Gegenteil: eine Art sich treu zu bleiben, sich zu entwickeln, weil es immer und überall darauf ankommt, weiterzugehen, Fortschritte zu machen. Ich habe mich deshalb nie um die Ratschläge der einen oder anderen gekümmert, erst recht nicht um die Moden und Ticks, die sich damals in der zeitgenössischen Malerei leicht ausmachen ließen. Es ging darum, an sich zu glauben, ans Licht zu bringen, was nur Dunkelheit, Stammeln und Beben war. Die Arbeit, immer wieder die Arbeit, um genau das zu erreichen, was ein Bild stimmig macht. Denn es gibt eine Stimmigkeit des Bildes, das heißt einen Moment, da man weiß, dass es abgeschlossen ist, da der Maler weiß, dass er den Drang zu malen nicht weiter vorantreiben kann, dass sein Bild zur Vollendung gelangt ist. In genau diesem Moment könnte man von Schönheit sprechen.

61

Deshalb sind diese Angst, diese Unruhe, die ich in meinen damaligen Porträts lese, allein als Furcht zu verstehen, nicht zur Schönheit zu gelangen, nicht genug Zeit dafür zu haben. Weder der Tod erschreckt mich noch die Agonie, nur sein Erscheinen während der Arbeit, sein unerwartetes Eintreten, seine Art, alles zu beenden, was doch berufen ist wiederzukehren, die Jahreszeiten, das Klima, die Zyklen der gesamten Natur, das Licht. Das vor allem. Jeden Morgen, wenn ich in mein Atelier gehe, ergreift mich dieselbe Furcht, dieselbe Sorge um das Licht, es ist mein Gesprächspartner, nie ist es gleich von einem Tag zum nächsten, es ist beweglich wie das Leben, wie der Wind. Es ist die Notwendigkeit des Malers, das, wodurch er zur Vollendung gelangen kann. So der Schicksalhaftigkeit des Lichtes unterworfen ist die Malerei ein tragischer Beruf. Denn man darf keine Zeit verlieren mit dem, was kommt und vergeht, man muss immer die intuitiv erfasste, wahrgenommene Wahrheit einfangen. Setsuko macht mit mir ein paar Schritte durch den japanisch anmutenden Garten im Schatten des Grand Chalet, der mir unendlich lieb ist. Welch eine Schönheit taucht plötzlich auf, die Berge und der kleine Zug, der pfeift, als würde er schluchzen.

Genau darüber muss man Rechenschaft ablegen, das

muss man rekonstruieren. Nur das. Aus all diesen fast religiösen Gründen waren mir die Sorgen meiner Zeitgenossen meistens fremd, zu begrifflich und zu abstrakt. Denn in meinen Augen hat Gott, der die Welt erschaffen hat und sie nicht hässlich oder unlesbar gemacht haben kann, uns ein riesiges Feld von Schönheit überlassen, aus dem der Maler schöpfen muss. Warum soll man aus diesem Reichtum Hässlichkeit schaffen? Ich habe mich immer wie ein Verwahrer dieser Gaben gefühlt und war überzeugt, dafür verantwortlich zu sein. Man muss die eigene Niedergeschlagenheit, das eigene Leiden, die eigenen Zweifel überwinden und sich in diese riesige Aufgabe hineinknien, diese Taufe, die die Malerei ist, dieses Eintauchen in die Schönheit Gottes.

62

Ich habe keine Angst vor dem Tod, nur diese Furcht tief in mir, weil ich weiß, dass der Tod die Vollendung meiner Malerei unterbricht, der sich jedes neue Bild annähert. Die Furcht, nicht zu vollenden, unfertig zurückzulassen, was ich von sehr weit her geholt habe und was sogar mir selbst unbekannt war. Das vor allem bereitet mir Kummer. Ansonsten vertraue ich auf Gott. Finde, wie man sagt, Trost in der Religion. Meine Religion hindert mich zu glauben, dass alles zu Ende ist, dass nichts mehr kommt. Im Gegenteil, woanders, auf andere Weise geht die Geschichte weiter. Außerdem werde ich meine Mutter Baladine wieder sehen, die ich so sehr geliebt habe. Ich spüre den Tod kommen, mit kleinen Schritten. Man spürt ihn in sich, den Tod, er zeigt sich auf ganz merkwürdig Weise, es ist unbeschreiblich. Seltsame Müdigkeit überfällt mich, ich muss mich ausruhen, ich schlafe ein wenig. Kleine Dinge im Innern verschwinden, Erinnerungsfetzen, Abwesenheiten, Taumel, langes Schweigen, die sich aufdrängen und denen man sich nicht entziehen kann.

Doch ich erlebe diese letzten Jahre meines Lebens nicht als Verfall, als langsamen und schleichenden Tod. Nein, es ist vielmehr das Gegenteil. Man müsste lernen, verschiedene Rituale zu entwickeln, die sich dem Kommen des Todes entgegenstellen: Malerei ist eines davon, malen, eintauchen in die Malerei, in das Bild, Mozart hören, der sehr viel Kraft gibt, Tee trinken und vor allem wissen, dass Gräfin Setsuko über alles wacht, dass das Haus dank ihrer ein Hafen des Friedens und der Ruhe ist. Setsuko ist mein ganzes Leben, ihre Wachsamkeit und ihre Liebe halten mich am Leben.

63

Ich war geradezu besessen von der Aufgabe, der Villa Medici all ihren Glanz zurückzugeben. Das hatte etwas mit dem spirituellen Leben zu tun, es war eine Art, das Leben zu bewahren. Mein Freund Fellini hatte es ganz richtig erkannt: »Ich sehe dich als Hüter eines Erbes, in das die Geschichte die menschliche Kultur gelegt hat.« Er hatte Recht, denn mein langer Aufenthalt in Rom, wenngleich anfänglich vehement angefeindet von akademischen Würdenträgern, die sich auf die Tradition beriefen und ein Institutsmitglied zum Direktor ernennen wollten, mein Aufenthalt in Rom war vor allem und oft auf Kosten meiner eigenen Arbeit dem Wiederaufbau der Villa gewidmet. Die einstigen Fresken wieder finden, die Techniken der Kalkmalerei neu erfinden, die riesigen Säle mit Möbeln ausstatten, all das gehörte zu den Aufgaben des Personals der Villa und ihrer Gäste, die selbst Hand anlegten. Ich habe ganze Wände mit Flaschenscherben abgekratzt, um jene Substanzen und jenen feinen Glanz wieder zu finden, in denen sich Lichter und Kerzen so wunderbar spiegelten, selbst meine Söhne Stanislas und Thadée beteiligten sich daran.

Doch dieser Feuereifer der Restauration erteilte mir, glaube ich, auch wichtige Lektionen über das Leben, wichtige spirituelle Lehren. Jeder von uns ist verantwortlich für die Vergangenheit, man muss um jeden Preis ihre Zeugnisse bewahren, die Lehren der Alten wieder finden, ihre unendliche Geduld, ihre außerordentliche Meisterschaft. Die Villa von ihrem Flitterkram und der allzu gewöhnlichen Ausstattung zu befreien, deren Opfer sie im Laufe der Jahre geworden war, kam für mich einer Wiedergeburt gleich, einer Art Erhebung. Die Schönheit erreichen, ihre Transparenz.

64

Die Arbeit, die ich in so vielen Jahren vollbracht habe, die Stunden der Mühsal und der Beobachtung der Natur, in der ich nach dem Geheimnis und der Verbindung aller Dinge suchte – anders als die Surrealisten, die einen grenzenlosen, absurden Glauben in den Traum hegten – die langen Tage im Atelier, zugleich von Einsamkeit und von unendlicher Präsenz erfüllt, all das verdanke ich einer Art zu sehen und zu denken, die auf den Feudalismus zurückgeht, auf die anspruchsvollste Aristokratie, jene, für die allein die Pflicht zählt. Ich habe immer gern an erhabenen Stätten gelebt, nicht aus Eitelkeit, sondern weil sie mir und meiner Lebenskunst nahe standen. Was bedeutete schon der großartige Verfall von Chassy, wo er mich doch mit den anspruchsvollsten, den höchsten Dingen verband! Die hochmütige Größe von Montecalvello bewahrt trotz der Verheerungen der Zeit einen Anstand, eine Haltung, die charakteristisch sind für jene aristokratische Würde, nach der unsere Epoche streben sollte. Ich liebe die Feudalzeit, im alten Europa ebenso wie im antiken China, denn die Werte des Glaubens, des Respekts für die Natur, der Treue zu den ursprünglichen Gaben sind stärker als alles andere. Das Christentum ist eben darum eine erlesene Religion, denn sie trägt den Menschen empor zu den höchsten Tugenden, zu so vernachlässigten Werten wie Mitgefühl, Freundlichkeit im Sinne des heiligen Johannes und Einfachheit. Es ist eine Religion, die Heilige hervorbringt. Daher fühle ich mich sehr feudal. Diese Geisteshaltung verpflichtet mich zu Aufmerksamkeit gegenüber den anderen, verpflichtet mich, sie zu schützen, wie ich es immer gewollt habe. Deshalb bin ich auch sehr stolz, aus den Händen des Prinzen von Savoyen das Große Kreuz des Ordens von San Maurizio e Lazzaro empfangen zu haben. Ich habe diese Auszeichnung sogar rahmen lassen und in meiner Bibliothek aufgehängt.

Manchmal trage ich den Kimono zur Erinnerung an die Traditionen, deren Erbin Setsuko ist. Ich habe sie gebeten, ihn so oft wie möglich anzulegen. Im Jahrtausende alten Japan war der Kimono eine Kraft, eine Rüstung, ein Mittel, die Geschichte fortzusetzen und ihr Vermächtnis zu bewahren.

Ist es meine tiefe Bindung an die Tradition, dass ich die Errungenschaften der Französischen Revolution nicht als Verbesserung und Fortschritt anerkennen kann? Die Ereignisse von 1789 haben den Zustand der Welt verschlechtert, den Aufstieg der verhassten Herrschaft des Geldes und der Bourgeoisie mit ihren kleingeistigen und kleinmütigen Werten eingeleitet. Die Medici und die Könige besaßen Weitsicht und Größe, und wenn ich auch ihr autoritäres Herrschaftskonzept nicht teile, muss man doch zugeben, dass sie die Schönheit gefördert und die Künste bewahrt haben. Es dauerte nur wenige Jahre, bis die Tympana der Kathedralen, die Fassaden der Königshäuser, die bewundernswerten religiösen Statuen, die das Mittelalter hervorgebracht hatte, zerstört oder zusammengefallen waren. Ich fand die Villa Medici in bejammernswertem Zustand vor. Der Putz an den Wänden, die bürgerliche Ausstattung hatten alles zerstört.

Die Welt von heute lebt auf dem Fundament revolutionärer Errungenschaften. Die verweltlichte Gesellschaft hat den Stein vergessen, ihm Beton und Plastik vorgezogen, unzerstörbar hässliches Material und vergänglichen Hausrat.

Tragödie des Menschen ...

65

Als ich Setsuko Ideta kennenlernte, war sie eine junge Frau, die die Entwicklungen der modernen Welt sehr aufmerksam beobachtete. Sie entstammt einer alten Familie, deren Vorfahren sich als Samurai durch ihren Mut und ihren Adel hervorgetan haben, hatte jedoch sehr fortschrittliche Auffassungen in Bezug auf Kindererziehung, den Platz junger Mädchen in der Welt, die Emanzipation der Frauen usw. Damals trug sie moderne Kleidung und nur selten einen Kimono. Der Umgang mit der japanischen Zivilisation brachte mich schließlich dazu, oft selbst einen Kimono anzuziehen und Setsuko zu bitten, ihn immer zu tragen. Es kommt oft vor, dass wir in Rossinière beide in unseren weiten Seidengewändern herumlaufen. Der Kimono verbindet mich mit der Welt, die meine Jugend verzauberte, mit dem erhabenen Universum der Malerei, mit der Einheit, die dieses Kleidungsstück aufgrund seines rituellen Charakters in sich trägt. Wie der bewundernswerte Maler Shitao sagt, »entledigt man sich der Vulgarität«. Es ist eine Art Askese, den Kimono zu tragen, ein wahrhaftes Werk der Reinheit und der Einfachheit, das die Wahrheit der Natur berührt. Dieses traditionelle Gewand ist kein eitler Schmuck oder bloße Verkleidung, also weder Lüge noch Maske, sondern vielmehr Leitfaden für den Geist der Alten. Wenn es getragen wird, so nicht aus leerer Nostalgie oder schlimmer noch Exzentrik, sondern weil es für Maß und Einklang steht. Es gibt, ich sagte es bereits, eine Konkordanz zwischen den Welten, den Orten, den Landschaften oder den Geschöpfen. China und Japan sind auch hier in Rossinière oder in Montecalvello. Ich sehe dieselben Falten in den Felsen, die Montecalvello durchziehen und meine geliebten Alpen. Der Garten des Grand Chalet mit seiner kleinen Gloriette in Form einer Pagode, das geschnitzte und ausgehöhlte Holz des Chalets selbst, die von den Felsbewegungen gefalteten Berge erinnern mich an die grenzenlose Unermesslichkeit der Landschaften Beatenbergs oder des uralten Japan. Den Kimono zu tragen, der nicht nur ein außerordentlich bequemes Kleidungsstück ist, ermöglicht mir in gewisser Weise, durch die Zeit zu reisen, durch die Weiten des Universums.

66

Die Freiheit, die einem der Kimono schenkt, finde ich natürlich ebenso beim Malen, aber auch in der Kunst des Rauchens, die ich immer sehr aufwändig gepflegt habe. Ich habe immer gleichzeitig gemalt und geraucht. Diese Gewohnheit finde ich bereits auf den Fotos meiner Jugend. Ich erfasste intuitiv, dass das Rauchen meine Konzentrationsfähigkeit verdoppelte, mir erlaubte, ganz und gar in der Malerei zu sein. Heute, da mein Körper angegriffen ist, rauche ich weniger, aber um nichts in der Welt würde ich diese köstlichen Minuten der Kontemplation vor dem angefangenen Bild missen wollen, mit der Zigarette zwischen den Lippen, als helfe mir das Nikotin, voranzukommen. Glücklich auch die Minuten, wenn ich nach den Mahlzeiten, nach dem Tee rauche. Neben dem Esstisch steht immer ein Hocker, auf dem die Gräfin Zigaretten bereitlegt. Das ist ein wahrer Glücksmoment: »die guten Stunden«, von denen, wie ich glaube, Baudelaire sprach!

Manchmal ergreift mich Wehmut, ein Gefühl, das dem Bedauern gleicht, diese Welt, ihre Geräusche, ihr Licht zu verlassen. Das Pfeifen des *Mob*, der seine Fahrt durch die Berge fortsetzt, das Bellen meines Dalmatiners, die leichten Schritte von Gräfin Setsuko ... Aber der Tod ist nicht nur die Ankündigung dieses unwiederbringlichen Verlustes. Er ist auch die Stunde, da

Gott mich endlich zu sich ruft. Er soll mich rufen, wann er will, in dem Moment, den er für gut hält! Das Wissen um ein angefangenes Bild beruhigt mich jedoch. Wie kann ich gehen, mein Gott, wenn du weißt, dass ich meine Aufgabe nicht vollendet habe?

67

Ich habe mir oft überlegt, dass mir das Christentum die Kraft eines Schutzwalls gibt. Vielleicht habe ich auch deshalb massive Häuser und alte Mauern gemocht, die großen Festungen glichen. Der Reichtum des Christentums beruht natürlich auf der ikonenhaften Präsenz Christi, seiner unerschütterlichen Schwäche und seiner Göttlichkeit, die dennoch für das Elend der Menschen, für ihre Armut offen ist.

Heute, da alle Bezugspunkte, alle Bindungen verloren sind, hat die Welt nichts mehr, um sich vor den Übeltätern, den Kräften des Bösen, den bösen Geistern zu schützen, die zwangsläufig in ihr sind. Die Religion Jesu hat den Menschen jahrhundertelang Sicherheit, Gewissheit und Inbrunst gegeben, um voranzukommen und selbst etwas zu erschaffen. Wie hätte ich meine Geduldsarbeit, den langsamen Weg der Malerei fortsetzen können, während so viele andere die Malerei betrieben, als handele es sich um wertlose Skizzen, wo sie doch der Spiegel Gottes ist?

Deshalb habe ich den Eindruck, dass unsere Welt ohne Sterne ist, in einer tiefschwarzen Nacht navigiert und blind voranschreitet. Unsere Wahrheiten haben Risse bekommen, unsere Gewohnheiten Fissuren, und unsere Seelen sind porös, vergleichbar mit Schwämmen, unfähig, sich zu beherrschen und ihrer selbst gewiss zu bleiben. Das Christentum, der Glaube, den man in sich tragen kann, sind nicht nur beruhigend, sondern sie verleihen den Mut der Erbauer. Mir gefällt die Vorstellung, dass meine Religion die Errichtung der Kathedralen vollbracht hat. Ich bin stolz auf dieses Erbe und empfinde es wie eine Gnade. Unser Jahrhundert glaubt an gar nichts mehr. Die modernen Maler auch nicht, während doch das Werk eines Malers, wie mir scheint, die heiligsten Dinge berühren muss, Formen, Motive, Farben schaffen sollte, die den göttlichen Dingen möglichst nahe kommen. Fra Angelico und Piero della Francesca taten nichts anderes, als sich mit größter Demut dem Geheimnis Gottes zu nähern …

68

Man wundert sich oft, dass ich meinen Bruder Pierre Klossowski de Rola so selten erwähne. Wir haben eine seltsame Beziehung. Vielleicht sehen wir uns heute so wenig, weil unsere geistigen Wege uns auseinander geführt haben. Das ist etwas sehr Mysteriöses, ich kann es nicht wirklich analysieren, so viele Fäden, dunkel und zart. Pierre wurde so stark von der katholischen Religion inspiriert, dass er in den Dominikanerorden eingetreten ist, den er später wieder verlassen hat. Ich glaube, sein malerisches und schriftstellerisches Werk ist sehr wichtig für die zweite Hälfte des zwanzigsten Jahrhunderts. Viele unserer gemeinsamen Freunde haben ihn unterstützt und erkannten Klossowskis ganz außergewöhnliche Kraft und sein Genie. Dennoch bin ich nicht so recht empfänglich für das, was er schreibt, zeichnet oder malt. Vielleicht kommt es vor allem daher, dass sein Werk Grenzen verletzt, dass es ihm an Leuchtkraft fehlt und die Wege, die ich gewählt habe, den Gaben Gottes offener gegenüberstehen? Klossowskis Werk ist ein schwarzer Diamant, ich versuche eher, den Sternenglanz zu malen, den Flügelschlag, von Engeln berührte Kinderkörper.

Deshalb gibt es an meinen Bildern nichts zu interpretieren. Sie sind gegeben wie Gesänge, Psalmen, Gebete.

69

Ich habe so sehr an meine Malerei geglaubt, dass man es am Ende nicht mehr als Eitelkeit oder Schamlosigkeit auslegen konnte. Vor allem während meines Parisaufenthaltes von 1940 bis etwa 1954 wurde ich von manchen Kollegen gehasst, weil ich mich nicht am Spiel der Moden und der künstlerischen oder ästhetischen Bewegungen beteiligte, die damals aktuell waren. Ich legte völlige Gleichgültigkeit an den Tag, was die anderen Maler und die Galeristen einfach reizen musste. Diese etwas überschwängliche Distanz, die auf fast romantische Art wahrgenommen wurde, brachte mir die Freundschaft Artauds ein, der, wie ich schon erzählte, in mir sein Double sah. Einen Bruder, vergleichbar mit Mussets Double in »La nuit de décembre«. Die Einsamkeit, die zwangsläufig daraus folgte, hat meine Gewissheit, Recht zu haben und richtig zu liegen, niemals angegriffen... Im Gegenteil, diese gewollte Einsamkeit brachte mich dem Mönchsleben näher, das mich oft lockte und das ich wieder fand, als ich aus Paris floh, um an abgelegenen, asketischen Orten in stoischer Einsamkeit zu leben. In Chassy beispielsweise gab es Tage intensiver Arbeit, die fast ausschließlich der Malerei, der Erarbeitung des Bildes gewidmet waren. Dort lebte ich im Einklang mit der Natur und mit meiner Nichte Frédérique, die allmählich diesen Ort in Besitz nahm und zur Dame wurde, im mittelalterlichsten Sinne des Wortes. So fand ich in Chassy die absolute Entsprechung meiner polnischen Ursprünge sowie der Kultur, die ich erworben hatte und die aus dem tausendjährigen China kam. Gleichzeitig fand ich einen sehr erdverbundenen Ort, sehr ländlich, erfüllt vom Genie der Erde, von ihrer undurchsichtigen und mächtigen Schwere, umgeben von Landarbeitern, von Tierherden, vom Mysterium des Landlebens, in dieser uralten Region um Nevers, der all die Gesellschaftsvergnügungen, in denen sich meine Zeitgenossen ergingen, völlig fremd waren. Mir genügte Frédériques Anwesenheit, sie füllte diesen Ort aus, war seine Königin. Ich wollte ihr königliches Wesen darstellen und so machte ich aus ihr 1955 das *Mädchen mit weißem Hemd*. Sie war ein Kind, gerade der Unschuld des Limbus entwachsen, gleichzeitig besaß sie die hieratische, vollkommene Kraft antiker Königinnen. Als ich zum Direktor der Villa Medici berufen wurde, folgte sie mir natürlich nach Rom. Erst als Setsuko in mein Dasein trat, wurde unser Leben schwierig. Es konnte zwischen uns nicht mehr so sein wie früher. Sie verkraftete dieses plötzliche und wunderbare Auftauchen der Gräfin in meinem Dasein sehr schlecht und litt darunter, dass Setsuko so schnell zu meinem Modell wurde und zu der Frau, die ich liebte. Ich überließ Frédérique das feudale Landhaus von Chassy, wo sie noch immer lebt. Ich bewahre an die fünfziger Jahre, die ich mit ihr geteilt und in denen ich viele meiner Landschaften gemalt habe, sehr starke Erinnerungen. Vielleicht war ich dort dem Geheimnis der Natur am nächsten, dort, wo ich auch so viel gezeichnet habe.

70

Man sollte nicht annehmen, ich empfände für die zeitgenössische Malerei ausschließlich Verachtung, nur weil ich mich gelegentlich etwas schroff dazu geäußert habe. Ich habe zwar ihr Aufkommen, das Fehlen an Meisterschaft und handwerklichem Können, ihre Unbekümmertheit und ihre Neigung zu einer Abstraktion, die jede Leichtfertigkeit, jede Unschicklichkeit begünstigte, sehr beklagt, aber ich bewundere auch einige Maler, vor allem Tàpies. Man kennt die berühmte, etwas bekümmerte und zugleich schelmische Bemerkung Picassos, der die letzten Bilder Mirós anschaute, den er sehr bewunderte. Angesichts der Kindereien, denen sich Miró nunmehr hinzugeben schien, sagte Picasso fast lächelnd, als wolle er ihn wieder zur Vernunft bringen: »Nicht du, Miró, nicht in deinem Alter, nicht nach all dem, was du gemacht hast!«

Das könnte man von vielen unserer heutigen Maler sagen. Tàpies hingegen besitzt eine Tiefe, einen Reichtum, der in seinen Bildern vibriert, man meint eine Farbmasse ohne Schattierungen vor sich zu haben, eine monochrome Masse, und dabei vibriert sie, bewegt sich, gleicht Seen von Licht. Das ist sehr stark und sehr schön. Es gibt etwas Chinesisches in Tàpies' Kunst. Diese Art, einen Taumel, Bewegung, Leben in diesem unendlichen Schwarz zu erzeugen und darin das Chaos erscheinen zu lassen.

Von Tàpies sprechen heißt natürlich, zur fernöstlichen Malerei zurückkehren, zu den Techniken des tausendjährigen China, zu dem, was mir diese Malerei gegeben hat: was Shitao, wenn ich mich an den richtigen Begriff erinnere, die Meisterschaft des »einzigen Pinselstrichs« nannte. Also mit einem einzigen Strich, aus freiem Handgelenk den Ursprung der Dinge zu berühren, mit einem Strich, der allein durch seine Schlichtheit zum Namenlosen vordringt, das die chinesischen Maler noch immer das Universelle nennen.

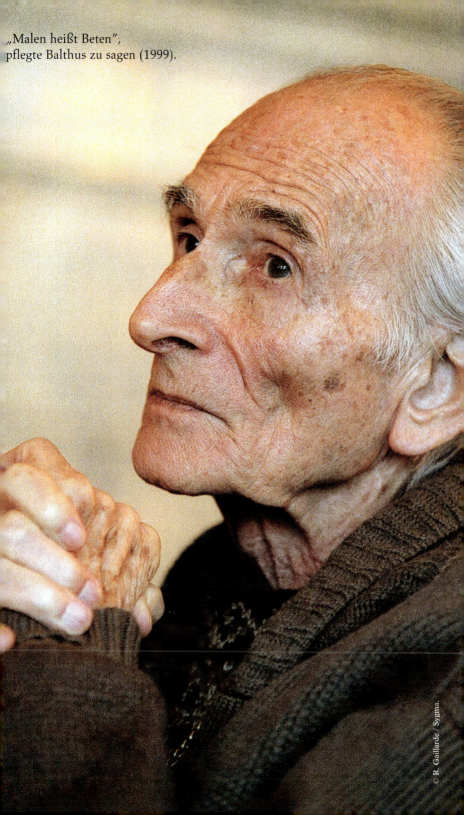

„Malen heißt Beten", pflegte Balthus zu sagen (1999).

Balthus und seine Gattin, Gräfin Setsuko, in ihrem Schweizer Chalet. Dank des unvergänglichen Bandes, das sie vereinte, konnte Balthus stets völlig ungestört malen.

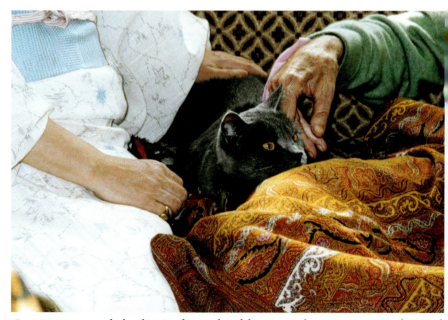

Gemeinsam streicheln die Gräfin und Balthus eine ihrer Katzen. Frieden und Ruhe im Chalet von Rossinière (2000).

Innige Vertrautheit verbindet den Maler mit seiner Tochter Harumi (2000).

Das Chalet von der Gartenseite. Es gleicht einem in den Alpen vergessenen, fernöstlichen Tempel (2000).

Der Siamkater Mitsou 2 wacht an einem der Mittelfenster des Chalet. Die in der Fassade vereinigten Glaubenssätze erinnern den Besucher an die Flüchtigkeit des menschlichen Daseins (2000).

Der schöne Angorakater schläft im Salon (2000).

Das Blumenzimmer, in dem die Gräfin gärtnert, Orchideen und Kletterpflanzen züchtet (2000).

Die Palette des Malers. Der Ursprung einer Welt.

Der Maler liebt die langen Pausen der Meditation vor der Leinwand, um ihren Sinn voranzubringen.

Ein anderes Gesicht von Balthus, der mit Richard Gere und Sharon Stone befreundet war.

Balthus und Fellini vor dem Chalet in Rossinière. Eine enge Freundschaft verband sie seit der Zeit, da Balthus die Villa Medici in Rom leitete.

Balthus liebte die prachtvollen, mit Fresken geschmückten Terrassen seines Schlosses in Montecalvello, etwa einhundert Kilometer von Rom entfernt. Als Orte der Begegnung zwischen Kunst und ewiger Natur überragen sie stolz und friedlich die umliegende Landschaft.

Der Speisesaal des Chalets verbindet rustikalen Komfort und die Anmut des Gustavianischen Zeitalters (2000).

Der treue Dalmatiner spielt im Hof des Chalets (2000).

Die von der Gräfin bestickten Kissen, auf denen sich die Katzen des Hauses zusammenrollen und gegen die sich auch Balthus oft lehnte, um seine Mittagsruhe zu halten (2000).

Balthus zwischen seinem Sohn Stanislas und Gräfin Setsuko bei einem Besuch in Polen, dem Herkunftsland des Malers (1997).

Balthus, ein Feudalherr in der modernen Welt. Wächter und Prophet.

71

Ich habe mich niemals wirklich für Horror, Hässlichkeit und Abartiges interessiert. Das alles erfüllt mich mit Grauen. Vielleicht habe ich aus diesem Grund zu einem bestimmten Zeitpunkt die Zeichnungen meines Bruders Pierre Klossowski überhaupt nicht gemocht. Seine Neigung zu allem Morbiden, Perversen, zu sadomasochistischen Verführungen macht einen Teil seiner Fantasien aus. Wenn dieses ganze Arsenal von Motiven sich darüber hinaus noch anmaßt, göttliche Welten zu streifen, bin ich empört und stehe der Rezeption dieser Werke völlig fremd oder gleichgültig gegenüber. Francis Bacons offene, blutige Körper missfallen mir, auch wenn ich bei ihm das Werk eines großen Malers erkenne, ebenso wie bei Klossowski, wenngleich seine Abenteuer deutlich zu weit gehen. So vieles rings um uns ist schön, warum soll man sich bemühen, es zu ignorieren? Ich wollte nur malen was schön war, Katzen, Landschaften, Erde, Früchte, Blumen und natürlich meine lieben Engel, die wie ein idealisierter, platonischer Widerschein des Göttlichen sind. Es werden sich zwar Biografen und Kunstkritiker finden (es gab sie bereits!), die bei meinen Modellen erotische Posen entdecken, um die Arbeit der Unschuld, die ich leisten wollte, und meine Suche nach Ewigkeit zu beschmutzen. Aber was soll's! Sie werden auch sagen, ich hätte

Pygmalion gespielt. Aber sie beweisen dadurch nur, dass sie nichts von meiner Arbeit begriffen haben. Es ging mir immer darum, mich dem Geheimnis der Kindheit zu nähern, ihrer gelassenen Anmut und ihren unscharfen Grenzen. Ich wollte dieses Seelengeheimnis malen und diese gleichzeitig dunkle und lichterfüllte Spannung ihrer noch nicht ganz erblühten Hülle. Den Übergang, könnte ich sagen, ja, das ist es, den Übergang. Diesen ungewissen, wirren Moment, da die Unschuld vollkommen ist und bald einem anderen, klareren, sozialeren Alter Platz machen wird. Es lag etwas Märchenhaftes in dieser Aufgabe, die zum Göttlichen führte. Ich glaube, auch Piero della Francesca muss erkannt haben, was ich da sage: die Zeit vor der Zeit, die man entdecken und ans Licht bringen muss, die in ihrer reinen Nacktheit plötzlich das immaterielle Gesicht der Einheit erscheinen lässt, anders gesagt das Göttliche. Ich glaube, ich habe es in einigen Porträts meiner jungen Mädchen erreicht: in *Der Nachtfalter* oder *Mädchen mit weißem Hemd* beispielsweise. Meine Malerei beschäftigt sich mit einer Welt, die heute nicht mehr gültig ist. Mit einer verschütteten Welt. Die Arbeit am Material, wie ich sie unternommen habe, macht aus dem Maler einen wahren Archäologen der Seele. Man gräbt, man wühlt, man pflügt die Erde, bearbeitet das Bild, man gibt ihm die Konsistenz des Urschlamms zurück, und die versunkene Zeit steigt auf, kehrt zurück ans Tageslicht. Die Malerei ist eine regelrechte Himmelfahrt, eine Erhebung, gerade so, wie in der heiligen Messe die Hostie gleich einer goldenen Sonne geschwenkt wird. Deshalb ist die Schönheit das einzige Ziel der Malerei. Die gerupften Körper mancher zeitgenössischer Maler machen aus der Malerei ein Werk des Niedergangs. Luzifers Sturz. Wo es doch allein darum geht, zur göttlichen Schönheit zu gelangen. Zumindest zu ihrem Widerschein.

72

Diesen schwierigen Weg durch die Geheimnisse, diesen Vorstoß in das Dunkel, das nach seiner Kehrseite strebt, also zum Licht, habe ich viele Male mit Pierre Jean Jouve gesucht. Wir trafen uns oft, er war einer meiner besten Freunde. Er interessierte sich für meine Arbeit, weil wir uns in Wirklichkeit beide an denselben Orten, in denselben Gewässern bewegten. Ich verstand, was Jouve aufzuklären versuchte, er hatte einen starken Drang zur Perfektion, und sein Leben selbst war über sein Werk hinaus von mystischen Rufen erfüllt, wie sie auch mich beschäftigten. Ich schätzte, dass er wie ich die Gesellenzeit beim Surrealismus beendete, der uns nicht mehr weiterbrachte. Eine Zeitlang hatten wir an die Offenbarung einiger Mysterien durch die Anrufung des Unbewussten glauben können, auf das sich die Surrealisten pausenlos beriefen, aber sehr schnell ermaßen wir das Scheitern, ja vielleicht gar die Hochstapelei, die darin lagen. Unsere Seelen fühlten sich zu sehr zum Absoluten hingezogen, um sich in der oft hinterhältigen Falle von Bretons Methoden fangen zu lassen. Wir wussten, dass unsere Existenz einer persönlichen Bahn folgen musste, die keine Schule, kein Akademismus lehren konnte, und brauchten die fordernde Einsamkeit, um voranzukommen. Ich liebte Jouve für diesen Anspruch. Wenn ich ihn besuchte, drehten sich unsere Gespräche immer um dieselben Geschichten. Er hatte etwas zutiefst Baudelairesches an sich. Zum Beispiel seine Neigung für die Dualität von Körper und Geist, von erotischem Körper und jungfräulichem Körper, oder sein Wille, alles zu ritualisieren und seine Worte in tiefe Abgründe zu ziehen. Ihm gefielen meine Bilder, weil er darin dieselbe Suche, dieselbe Dualität wieder fand. Oft fühlte ich mich Baudelaire ebenfalls sehr verwandt. Wegen seines Dandytums und der Aristokratie seines Herzens, wegen des einsamen Stolzes, der auch mich erfüllte damals im Cour de Rohan, und wegen seiner Art, wie ich fremde Welten zu streifen, sie manchmal sogar ohne eigenes Zutun auftauchen zu lassen. Das tue ich auch in meinem letzten Bild, an dem ich seit Monaten arbeite und das ich vielleicht nicht vollenden werde ... Woher kommt dieses junge, hingegebene Mädchen auf dem Diwan? Warum diese Gitarre neben ihr? Was betrachtet der Hund durch das Fenster? Wohin führt der Weg, gewunden wie das Silbernetz am Fuße von Montecalvello? Das sind die Dinge, die mir entgehen und die kein Analytiker wirklich aufklären könnte. Jouve liebte diese unmögliche Erleuchtung, diese ständige Schwingung zwischen der Erlösung und dem Unglück, Mensch zu sein. Jouve hat das Projekt sehr gut beschrieben, das wir Dichter und Maler jener Epoche verfolgten, zumindest einige wie Derain, Miró oder Tàpies: »Wir sind Zusammenballungen von Unbewusstem, das an der Oberfläche ein wenig vom Licht der Sonne aufgehellt wird ...«, sagte er. Und er fügte hinzu, diese Zusammenballungen reflektierten Vibrationen, Spannungen, die vom Bild oder vom Gedicht aufgefangen und auf der Leinwand oder dem Papier festgehalten wurden. Seltsame Alchimie, die ohne Zutun des Rationalen geschieht. Von Jouve habe ich gelernt, dass die Kunst, die uns vorschwebte, notwendig in unbekannten Gegenden stattfand, die allein von der Fantasie kontrolliert wurden.

Er organisierte Theaterabende bei sich zu Hause. Dichter und Künstler aller Art versammelten sich um ihn und seine Frau. Diese Versammlungen waren etwas steif, vielleicht hinderte ihn sein hoher Anspruch an sich selbst, völlig frei zu sein. Außerdem herrschte die Atmosphäre eines Orakels, was einige aufbrachte, unter anderem Artaud. Ich traf dort viele Künstler, darunter Saint-Exupéry und Albert Camus. Sie alle waren Schriftsteller der Seele und sehr durchgeistigt. Jouve verstand es, seine Gäste zu »füttern«. Meine eigenen spirituellen Ansprüche fanden dort Nahrung und Stärkung.

Ich habe gerade Saint-Exupéry erwähnt. Er hat mir seine vielleicht letzte Postkarte geschrieben. Sie trägt das Datum vom Vortag seines Verschwindens am 31. Juli 1944. Als ich von seinem Tod hörte, dachte ich an den großen Kerl, der mit seiner Frau, der stürmischen Consuelo, zu Jouve kam. Sie war außerordentlich zungenfertig und ihr südamerikanisches Gurren begeisterte alle Gäste. Sie erzählte die verrücktesten Geschichten, die wir jedoch alle glaubten, so überzeugend wie sie sprach. Mehrere Monate später erhielt ich diese Karte, die lange Zeit über meinem Schreibtisch hing und dann eines Tages verschwunden war. Sicherlich bei einem Umzug. Mir lag viel daran, denn sie war wie eine der letzten Freundschaftsbotschaften Saint-Exupérys.

73

Aus Gründen, die ich gerne für mysteriös halten möchte, liebte ich Antoinette de Watteville, meine erste Frau. War unsere Liebe von einem schicksalhaften, einzigartigen Siegel geprägt, weil unsere erste Begegnung unter so ungewöhnlichen Umständen stattfand? Ich lernte Antoinette kennen, als sie gerade vier Jahre alt war. Als ich sie 1937 heiratete, war ich neunundzwanzig. Sie inspirierte mich zu sehr schönen Liebesbriefen, deren Veröffentlichung meine Söhne kürzlich beschlossen haben, weil sie fanden, ich offenbare darin ein gewisses Schreibtalent. Dabei habe ich nie etwas anderes getan, als zu malen, und glaube eigentlich, kein Wort an das andere reihen zu können, als sei mein einziges Ausdrucksmittel eben die Malerei. Gleichwohl vertraue ich ihnen, vielleicht hat auch die leidenschaftliche Liebe, die ich für Antoinette empfand, mein mageres Schreibtalent beflügelt. Was weiß ich?

Ich habe Antoinette de Watteville mehrfach gemalt: Man begegnet ihr vor allem auf einem meiner Lieblingsbilder, *Das Gebirge,* das ich 1937 malte, im Jahr meiner Hochzeit, und in *Der weiße Rock,* ebenfalls von 1937. Antoinette erscheint darauf in ihrer strahlenden, scheuen Schönheit, vor allem in der Spannung, die ich ihrem Körper verleihen wollte und zu der ich sie zwang. Sie war damals eine junge, wilde Frau, die stark vom Asthma angegriffen war, aber dennoch über eine außergewöhnliche innere Kraft verfügte. Sie besaß eine unvergleichliche Anziehungskraft und hatte auf mich einen fast magischen Einfluss. Mit einzigartiger Autorität besiegte sie meine Zweifel, meine Ängste und jene ständige Sorge in der Malerei, meine Gewissensbisse und den Zwang, meine Arbeit immer wieder zu korrigieren. Gewiss verdanke ich ihr jenes Selbstvertrauen, das auch sie besaß. Beide hatten wir dieselbe aristokratische Strenge (sie entstammt einer der besten Familien des Kanton Bern), denselben Sinn für die Tugend, das heißt eine Form von Mut, den Mut voranzugehen und eine gewisse Armut zu akzeptieren, um keinem Verrat zu erliegen, niemals die eigenen Verpflichtungen zu vernachlässigen und sich selbst treu zu bleiben. Doch das Leben erlaubt uns nicht immer, unsere Verpflichtungen zu erfüllen. Ich glaube, mein der Malerei geweihtes Leben führte mich auf andere Wege, zu anderen Menschen und fand seine Vollendung zweifellos in Gräfin Setsuko, die ganz und gar jene Liebe verkörpert, nach der ich stets gestrebt habe und in der sie mir unzertrennlich verbunden ist. Setsuko, die meine schwachen Schritte durch das Chalet lenkt, meinen Wünschen und Bitten zuvorkommt und meinen Arm stützt, um mich in mein Zimmer hinaufzuführen, die ihre Schritte mit unendlicher Geduld, mit unendlicher Liebe meinen armseligen kleinen Schritten anpasst! Sie bereitet sich diskret auf die Taufe vor, und darin liegt für mich eine große Hoffnung, ein großes Glück. Sie wird also der Kirche beitreten, die ich verehre, die heilige römische, und das wird wie ein zusätzliches Band zwischen uns sein, gewiss das stärkste.

74

Die Menschen erlangen ihre Kraft allein durch die Macht der Arbeit, die sie ihr Leben lang verrichtet haben, und durch ihren Willen. Die Klossowskis hatten 1914 alles verloren, mein Vater hatte keine Ahnung, wie er zu Geld kommen konnte, er hatte all seine Ersparnisse in den Kauf russischer Eisenbahnaktien gesteckt ... Das erklärt das Ausmaß unseres Ruins! Die politischen Ereignisse lehrten uns das Exil, den Schmerz der Trennungen und das ins Herz eingebrannte Gefühl des Verlassenseins. Doch die inneren, geistigen Energien meiner Eltern halfen uns, diese Familientragödien zu überwinden ... Mein Vater, der die Kunst über alles liebte, vermochte das Gefühl des Verlustes hinter sich zu lassen, in das uns das ungewisse Dasein als Emigranten hätte treiben können. Die Kunst war unser Heil. Ich erlebte diese Erlösung durch die Kunst in meiner Kindheit sehr körperlich und intuitiv. Ich wusste, dass die Kunst, durch das, was sie zu geben vermochte, was sie im Herzen ihrer selbst erschuf – die Entdeckung des Schönen –, jedes Unglück besiegen, jede Einsamkeit besänftigen konnte ... Ich habe immer mit diesem tiefen Gefühl in mir gelebt. Es half mir bei all meinen Reisen, meinen Wanderungen, die mich an die des jungen Jean-Jacques Rousseau erinnern, der in seinen *Bekenntnissen* von Initiationsabenteuern erzählt, die in gewisser Weise denen ähneln, die ich selbst erlebte. Seine Italienreise ließ ihn die Dinge besser verstehen, ließ ihn besser vorankommen und besser die materiellen Schwierigkeiten einer recht ungewissen Existenz überwinden. Die Ausübung der Kunst, die mühevolle Arbeit, die sie verlangt, die Hartnäckigkeit, die langen Stunden im Atelier und der Anspruch, immer bei der Sache zu bleiben, das war für mich der Weg, mich nicht zu verlieren. Auf jeden Fall habe ich die Malerei immer wie einen Ruf erlebt, den man wohl eine Berufung nennen muss. Im ursprünglichsten Sinn des Wortes, das heißt, als etwas, das mich gleichsam diesem Leben geweiht, mich schicksalhaft dorthin geführt hat.

75

Durch die Spiritualität, zu der mich meine Beharrlichkeit, meine Inbrunst und mein Glaube führten, habe ich im Laufe meines Lebens anderen Menschen voller Mitgefühl begegnen können. Liegt es an meinem tiefen Glauben, dass ich im Mitgefühl die schönste aller Tugenden sehe, die Christus uns zu lehren erlaubt? Mitleiden, das heißt mit den anderen leiden, aber auch ihnen zuhören, sie verstehen. Die Erfahrung mit der Malerei hat mich nicht zum Autisten gemacht, im Gegenteil, es ist eine belebte Einsamkeit, in der die Welt in ihrer Globalität glücklich und ohne Einschränkung Einzug hält.

Das erinnert mich an das hübsche Bild, das Giacometti einem Kellner geben sollte, der mir sehr sympathisch war. Es war ein kleines Bild, ein Stillleben mit einer Kaffeekanne. Kürzlich entdeckte man es im Nachlass meines Freundes Alberto. Sollte ich annehmen, er habe es ihm niemals gegeben? Daran zweifele ich, zu sehr glaube ich an Giacomettis Anständigkeit. Doch ich bedaure, dass der, für den ich dieses Bild bestimmt hatte, es niemals erhielt. Es war eine echte Freundschaftsgeste, eine Art Bruderband, das ich ihm reichen wollte, aber diskret, damit er mir nicht danken musste, nicht in Verlegenheit geriet oder sich von mir überrascht fühlte. So viele Jahre später entdecke ich, dass es nicht dazu gekommen ist. Das stimmt mich sehr traurig und enttäuscht mich. Manchmal versinkt die ausgestreckte Hand, die Spur, die man von sich hinterlassen will, im Abgrund. Wie Funken, die glühen und verlöschen.

76

Wenn ich an die vergangenen Jahrzehnte zurückdenke, sind mir bestimmte Personen, die ich sehr bewunderte, erstaunlich gegenwärtig wie auch jene anderen, die ich verließ, weil sie meine persönlichen Sorgen nicht teilten oder ganz einfach, weil ich in den großen Jahren des einsamen Schaffens dachte, die Malerei müsse in vollkommener Askese gelebt werden, fern vom irdischen Lärm und allen Moden, von Pariser Strömungen jeglicher Couleur. So erinnere ich mich an Maurice Blanchot und Henri Michaux, die ich für ihr Schweigen respektierte, für ihr Bemühen, ganz im Schaffen aufzugehen, für ihre Ablehnung jedes Kompromisses. Und ich erinnere mich an Georges Bataille, den ich wegen seiner Ausbrüche, seiner Heftigkeit und seines ständigen Verlangens zu herrschen etwas weniger schätzte. Ich verkehrte dennoch sehr häufig mit ihm, ohne mich deshalb seinen Thesen anzuschließen, seinen wunderlichen Schrullen, der Inbrunst, die er im Grunde in alles legte, was er tat. Wie André Breton, dem er gleichzeitig nah und sehr fern stand, weil beide zu starke Persönlichkeiten waren, um nebeneinander zu bestehen, brauchte auch Bataille das Gefühl einer gewissen Dominanz über die anderen. Außerdem haftete seinen Initiativen etwas ziemlich Kindisches an, wie diese allzu ausgeprägte Neigung zur Geheimniskrämerei, wegen der er oft an einen Guru erinnerte. Er hätte sich gern als Papst einer selbst begründeten Religion gesehen, und ich konnte ihm intellektuell nicht auf seinen Irrwegen folgen. Ich war zu jener Zeit zu unabhängig, zu scheu, um irgendjemanden in Abenteuer zu begleiten, die mir völlig aus der Luft gegriffen schienen. Die Gründung von *Ancéphale* nach dem Krieg hat viele Künstler fasziniert, aber ich mochte diese Initiationsriten nicht, diese Art, sich Geheimnissen anzunähern. Bataille hatte einen ausgeprägten Geschmack für geheime Riten und alles, was dazugehörte, das Dekor, die Inszenierung, Rituale, aus denen sich im Übrigen auch sein Werk nährte. Diese Atmosphäre einer Freimaurerloge, in der sich Erotik, Entgrenzung, Blasphemie und eine nahezu ins Diabolische verkehrte Sakralität mischten, interessierte mich nicht. Mein Bruder Klossowski war eine Zeit lang an seinen kreativen Versuchen interessiert, aber es gab in uns eine allzu starke christliche Prägung, um ihnen zu erliegen. Außerdem war Bataille leicht antisemitisch gefärbt, zumindest nahmen einige unter uns es so wahr, die sich gegen seine Theorien auflehnten. Bataille war fasziniert von den Ritualen, mit denen die Faschisten die Massen verführten. Der darin ausgedrückte Machtwille begeisterte ihn sehr.

Mich erfüllte dieser Wahnsinn mit Entsetzen, so perfekt er auch inszeniert sein mochte. Ich versuchte damals mit anderen, friedlicheren, empfindsameren Mitteln Zugang zu den Mysterien der Kunst zu erlangen. Niemals habe ich meine Affinität zur göttlichen

Schönheit verraten, die ich wieder in meine Arbeit aufzunehmen versuchte. Man wird darin keine offenkundigen Brüche, keine vergänglichen Verführungen finden. Im Gegenteil, ich habe stets nach Einheit gestrebt. Und diese wurde mir durch die Landschaften geschenkt, durch die zweideutige und schwindelerregende Anmut meiner jungen weiblichen Modelle, durch die Poren ihrer Haut oder auch durch die Struktur der Früchte, die ich mit großem Vergnügen wieder entdeckte. Courbet lenkte mich mehr als die pseudoerotischen Abenteuer von Bataille und seinen Freunden, mehr als deren kindische Versuche. Ganz zu schweigen von den vorgeblich neuen Wegen, auf die uns Breton führen wollte … Die Textur der italienischen Renaissancemaler oder die der Körper von Delacroix und Courbet reichten mir aus. Ich habe mich nie davon getrennt …

77

Heute, da mir das Laufen schwer fällt und ich kaum noch etwas sehe, vertraue ich mich dem guten Doktor Liu an, meinem Arzt und treuen Diener, der mich fast nie verlässt, außer im Atelier natürlich, wenn ich allein sein muss oder in Gesellschaft der Gräfin, deren Anwesenheit mich tröstet und mir sehr viel Zeit schenkt, weil sie für mich die Pigmente mischt und all die kleinen Arbeiten der einstigen Ateliergehilfen verrichtet.

Ich liebe diesen Moment, wenn wir uns, falls ich das so sagen kann, zum Atelier einschiffen. Wir verlassen das Chalet in dem kleinen Wagen für Behinderte, sprechen wir es ruhig aus. Liu legt mir den Gurt um die Taille, ich bin in eine warme Decke gehüllt und wir durchqueren den Hof. Der Dalmatiner kommt mich begrüßen, wir fahren den kleinen Hang hinab, passieren die Straße und gelangen zum Atelier, das sehr warm ist mit seinem bullernden Ofen und dem sakrosankten Geruch nach Terpentinöl, Bindemitteln und Farben. Das große Fenster beherrscht diesen Ort, wirft gleichsam einen Lichtsee auf die mit Rädern versehenen Staffeleien, die Gräfin Setsuko mit großer Anmut und ohne Anstrengung zu meinem Sessel schiebt. Es ist ein Augenblick unendlicher Gnade, wenn ich das unvollendete Bild wieder finde, das auf den Weg gebrachte Gemälde! Auf halbem Wege in der Furt sein, allein in der Vollendung dieses bald vollbrachten Werkes leben. Ich habe nie verstanden, wie das wirklich funktionierte, dieses Geheimnis, diese Verzauberung, die dazu führten, dass das Bild etwas empfing, von dem ich selbst noch nicht wusste, dass es geschehen würde! Hier in Rossinière folgen die Tage mit der Regelmäßigkeit eines Stundenbuches aufeinander. Ihr Rhythmus wird von Mozart bestimmt und von der Lektüre. Beim Vorlesen, entweder mit der Gräfin oder mit unserem Freund Burton, entdecken wir die großen heiligen Texte neu, die Bibel oder das *Totenbuch* oder auch so grundlegende Texte wie die *Odyssee*. In dieser Milde verstreichen meine Tage. Immer weiter das Loblied der Zeit singen, ihr Maß erkennen.

78

Mein katholischer Glaube kommt nicht von meiner Familie, mein Vater war Protestant. Die Zufälle des Daseins entschieden statt seiner. Ein sehr reicher polnischer Cousin, Adam-Maxwell Reveski, vererbte meinem Bruder und mir ein recht ansehnliches Vermögen, das uns bei Volljährigkeit zufallen sollte, aber es gab eine *conditio sine qua non*: Wir mussten die katholische Religion annehmen! Dem beugten sich meine Eltern gern. Wir wurden also in dieser Tradition erzogen, und ich muss sagen, dass ich es nie bereut habe. Auch wenn wir unser Vermögen aufgrund der kriegsbedingten Entwertung nie genießen konnten! Es bleibt das riesige Erbe des Christentums und der Umgang mit Christus, der mich nie verlassen hat. Ich erinnere mich unbeschreiblicher Momente, als ich allein in den Kapellen von Padua und Siena stand, im Einklang mit den Meistern und dem christlichen Mysterium, das ich fast körperlich empfand. Die katholische Religion hat mir nicht nur geholfen zu leben und Leiden zu ertragen, sondern oft auch das Geheimnis der Welt zu erfassen. Die Religion der Menschwerdung ist gleichzeitig die Religion der Nähe zum Göttlichen, greifbare und zugleich unsichtbare Präsenz. Neben meinem Bett hängen Ikonen und ein Rosenkranz. Diese Beziehung zu den geheiligten Dingen nährt meine Arbeit und erlaubt mir, noch tiefer in das Geheimnis der Welt einzudringen. Die Künstler, die ich später lieben sollte, waren niemals Vertreter der Grenzübertretung. Selbst wenn sie nicht gläubig waren, ging ihr Werk doch in die Richtung des Lebens, das vom Christentum gelehrt wird: Ich denke zum Beispiel an Picasso, Derain und Bonnard. Ich pflegte keinen Umgang mit Jean Cocteau, obwohl ich ihn ab und zu besuchte, aber ich wusste intuitiv, dass seine Malerei zu leicht war, dass es ihm nicht darum ging, in Kapellen zu malen, um ein geheiligter Maler wie Piero della Francesca zu werden, sondern darum, ein mondäner Maler zu sein, der in der Gesellschaft am hellsten strahlte, zu hell, um als echter Himmelskörper zu erscheinen. Ich liebe die verborgeneren, tieferen Lichter. Es gibt natürlich bei Tàpies mehr Licht als bei Cocteau. Sein Tod, wenige Stunden nach dem von Edith Piaf, verwehrte ihm die Ehren der Tagespresse, auf die er wohl gehofft hatte. Das Feuer der Piaf hatte ihn verbrannt ... Wenn ich in diesen mondänen Kreisen verkehrte, so selten es auch geschah, und dann in mein Atelier im Cour de Rohan zurückkehrte, war ich bestärkt in der Gewissheit meiner Arbeit als Bauer und Handwerker, in meinem Schweigen, das eher dem eines Gesellen entsprach, in meiner Gewissenhaftigkeit. Stunden, Tage vergingen, ehe ich wusste, dass ich auf dem richtigen Weg war. Die Schnelligkeit des Pinselstrichs einiger Maler jener Zeit verblüffte mich immer wieder. Cocteau war ebendeshalb ein zu systematischer, zu vordergründiger Maler. Die Leichtigkeit hat seine Malerei getötet ...

Hoffnung machte mir, dass einige Freunde an mich glaubten, Sammler, denen ich vertraute, die meine Arbeit verfolgten und mich ermutigten. Hätte ich ohne sie weitergemacht? Wenn ich es mir überlege, ja, ganz gewiss. Ich hatte zu viele Beweise des Glaubens, um aufzugeben, zuviel geheime Unterstützung wie das Gebet und die Gewissheit, in der Wahrheit meiner selbst zu leben. Vielleicht rührt dies von meinem mittelalterlichen Wesen her, das ich zu bewahren suche, und auch von meinem Willen. Immer Höhe gewinnen im Verhältnis zu den irdischen Dingen. Sich erheben: Versuch der Spiritualität.

79

Der Spiegel, der bekanntlich ebenso das Siegel der Eitelkeit wie das höchster Erhebung trägt, ist eines meiner häufigsten Motive. Gewiss, oft ist er für mich, wie Platon sagen würde, dessen Texte ich in Rossinière immer wieder zur Hand nehme, ein Bild der Seele, ein Echo ihrer geheimsten Regungen. Deshalb benutzen vor allem meine jungen Mädchen ihn sehr oft, nicht nur um sich zu spiegeln, was einzig ein Zeichen ihrer Leichtlebigkeit wäre, sondern vor allem, um weiter in ihrem tieferen Wesen zu forschen. Mithin gäbe es in meiner Malerei verschiedene Schichten des Verstehens, Fluchtlinien sozusagen, die die Geschichte des Bildes aufbrechen, seine Abgründe enthüllen würden. Doch ich möchte jetzt keinesfalls mit der Exegese meiner Malerei beginnen, die, das bezeuge ich, ohne mein Wissen »arbeitet«. So weiß ich selbst nicht immer, was der Pinsel unternimmt, in welche Richtung er ausschlägt, ich weiß nur, dass meine Hand dem einzigen Pinselstrich nicht entgehen kann, von dem Shitao spricht.

Ehrlich gesagt gibt es auch noch einen eher technischen Grund, der die Spiegel in meinem Werk erklärt. Oft bin ich mit einem Spiegel dicht vor meinen Augen fotografiert worden, ganz dicht davor, weil ich sehr schlecht sehe. Auf diese Weise kann ich das umgekehrte Bild meiner Arbeit betrachten, wobei zum Beispiel alle Fehler der Perspektive aufgedeckt werden. Das ist ein alter »Trick«, den schon Piero della Francesca kannte, der in mehrfacher Hinsicht einer der Begründer der Perspektivenmalerei war. Ich habe den Spiegel also niemals als vornehmlich symbolischen Gegenstand betrachten wollen. Das wäre ein zu bildhafter Bezug, der mir völlig fremd ist. Malen gehört zu einem so fernen, so geheimen Gebiet, dass man nicht irgendein vorbelastetes Objekt wie die Katze oder den Spiegel einführen kann, ohne Gefahr zu laufen, im Expliziten der Malerei zu sein. Ein Spiegel wäre dann das Symbol des Fensters zum Traum, zur Fantasie. Das wollte ich aber nicht. Der Spiegel hat sich dem Bild als zugehöriges Element gleichsam aufgedrängt. Einige meiner jungen Mädchen haben einen Spiegel, er nimmt ihren Blick gefangen und das Bild geht ins Unbekannte. Möget ihr, Leser, die verstreuten Fäden finden, die hier unbewusst und dunkel verwoben sind.

Ich glaube jedoch zu wissen, dass Spiegel und Katze bei der Reise durch das Selbst helfen. Auf jeden Fall ist die Malerei nicht Anordnung und Inszenierung einer Geschichte, sie ist das, was das innere Gedächtnis erzwingt, dem sich der Maler als guter Handwerker und guter Geselle immer beugen muss. Aus diesen Gründen lehne ich es ab, einen Künstler als Schöpfer zu bezeichnen. Er ist derjenige, der gehorsam ausführt, was sich ihm aufzwingt. Also sind Katzen und Spiegel keine Objekte, die ich dort einfüge, wo ich es gern will, sondern innere Notwendigkeit. Meine Erfahrung mit

Katzen bezeugt es: Sie sind die befriedeten Geister unseres Hauses, man muss sie vor allem mit diesem inneren, beherrschten Frieden lustwandeln lassen, der ihnen eigen ist, sie leben im Chalet als Könige, auch wenn ich mich früher als *The King of Cats* bezeichnet habe!

80

Bei Delacroix, den ich sehr bewundere, entsteht die Kraft aus seiner Fähigkeit, den Widerschein der Dinge zu erfassen und die Geheimnisse des Körpers, des Blicks, der unbeweglichen Zeit einzufangen. Die Neigung zum Orientalischen, die man ihm zugesprochen hat, ist frei von allem Pittoresken, von jedem exotischen Nippes wie bei Pierre Loti. Die Nordafrikabilder sind aus diesem Grund keine vordergründig orientalischen Darstellungen, sondern ganz im Gegenteil vor allem Reflexe eines Woanders. In seinem *Tagebuch* versucht Delacroix es zu beschreiben und diese Darstellung macht ihn zu einem so modernen Maler. Baudelaire hatte die Tragweite der Ästhetik sehr gut erfasst, die Delacroix in seinem *Tagebuch* zum Ausdruck bringt. Deshalb ist es auch nicht nötig, an Ort und Stelle zu malen, man muss vielmehr die Seele der Dinge auf seiner Leinwand sichtbar werden lassen. Man kann niemals genug über diesen neuen Ansatz der Malerei reden, den Delacroix den Malern des zwanzigsten Jahrhunderts zugänglich gemacht hat. Das Universelle der Dinge, der Geschöpfe und der Welt erfassen. Das war das Projekt, das er verwirklichen wollte.

Während meiner unermüdlichen Besuche bei den italienischen Meistern, während meiner früher regelmäßigen Gänge in den Louvre haben sich mir sehr starke Bilder eingeprägt, die gleichsam in den uralten Schmelztiegel meines Denkens eingeflossen sind. In meiner Arbeit habe ich stets daraus geschöpft, um Landschaften, Haltungen, Gesichter auf andere Weise zu sehen. So finden eine Kurtisane Bellinis (noch dazu mit Spiegel!), ein Stich Lauwets, *Pax* von Lorenzetti oder *Der Herbst* von Poussin ein neues, anderes Leben in *Die schönen Tage, Die Katze mit Spiegel* oder auch in *Der Kirschbaum* ... Alles ist in allem wie in einem wunderbaren Strom oder einem geheimen Kreislauf enthalten. Allerdings muss man dafür im Unterschied zu den zeitgenössischen Malern ein Minimum an Kunstgeschichte kennen und verstehen. Malerei ohne Gedächtnis existiert nicht. Oder sie verschmäht eine Vergangenheit, die mir reich und fruchtbar erscheint. Wenn man einen Meister kopiert, ist man bestürzt über die eigene Unzulänglichkeit. Ich brauchte Jahre, um den feinen Kreideschimmer der Bilder Masaccios oder Piero della Francescas zu finden! Picasso, unter meinen Zeitgenossen der einzige, der sich in meinen Augen um den Titel eines großen Malers bewerben konnte, wusste um seine eigene Unwissenheit und war voller Demut für das Genie Delacroix'. Wie ich klagte auch er, während er ihn kopierte. Er sprach von sich selbst in der dritten Person, jammerte und sagte: »Was für ein Unglück! Picasso kann nichts ...«

Wissen heißt also immer mehr zu erfahren. Immer weiterzugehen. Und mit unendlicher, stiller Geduld den Willen aufzubringen, die Spuren zu verfolgen ...

81

Man muss auf seine Vergangenheit zurückgreifen, aber mit leichter Hand, so wie die ersten Blätter im Frühling einen grünen Schleier über die Zweige legen, die man tot wähnte. Ich habe von diesem langen Leben nur Zeichen bewahrt, Zeichen der Freundschaft, der Güte, der Freude bei diesem oder jenem Anblick, der mich bewegte. Ich hatte das große Glück, allen zu begegnen, die damals im Zentrum der Welt standen. Ich habe strahlende Erinnerungen an manche Künstler, die ich gekannt und mit denen ich verkehrt habe, auch wenn mich mein Wesen stets zu einer gewissen Einsamkeit führte. So erinnere ich mich an Albert Camus als einen außerordentlich freundlichen Menschen. Ich empfand ihn immer als verängstigt und zerrissen, aber seine Gutmütigkeit, sein breites Lächeln machten diesen dunklen Teil seiner Person vergessen. Am Tag vor seinem Unfall schickte er mir eins seiner Bücher – ich glaube, es war *Der Fall* – in das er eine fast hellseherische Widmung geschrieben hatte: »Dir, der den Frühling erschafft, schicke ich meinen Winter.« Das dunkle Licht in seinem Blick, seine plötzliche Melancholie, die Angstzustände, die ich bei unserer gemeinsamen Arbeit an *Der Belagerungszustand* 1948 durchaus wahrgenommen hatte, wurden im Laufe der Jahre immer schlimmer. Man hatte das Gefühl, er werde vom Leben aufgefressen, von irgendetwas, das er nicht wirklich besiegen konnte und das ihn entsetzlich ängstigte. Diese Arbeit hat einen starken Eindruck bei mir hinterlassen. Durch das Theaterstück, für das ich das Bühnenbild und die Kostüme entwarf, lernte ich Paul Éluard, Jean-Louis Barrault und André Malraux kennen. Es waren sehr intensive Augenblicke, die Albert Camus zu schaffen und zu bewahren wusste. Er hatte die Energie eines großen Theaterdirektors, er verstand es, die Schauspieler zu führen, Motor der Bewegung zu sein. Ich war sehr traurig, als ich von seinem Tod durch diesen dummen Autounfall erfuhr. Viele meiner Freunde sind so aus meinem Dasein verschwunden, aber ich habe sehr schöne Bilder von ihnen bewahrt, die mich stets begleiten. Für Camus zum Beispiel war ich derjenige, der »den Frühling erschaffen« konnte. Was er an meiner Arbeit mochte, war die Verbissenheit, die ich unablässig darauf verwandte, Schönheit wiederzugeben, mich nicht von Moden und fragwürdigen Experimenten hinreißen zu lassen. Mein Vertrauen legte ich in meine geliebten Italiener, in die strenge, strahlende Einheit Poussins, in die Vollendung Courbets. Es war natürlich nicht meine Absicht, sie zu kopieren, sondern von ihnen auszugehen, zunächst bis zu ihnen zu gelangen und dann dem sich öffnenden Weg zu folgen, voranzuschreiten. Antonin Artaud, der mich aus psychologischen oder gar psychiatrischen Gründen oft hasste, während er mich gleichzeitig als seinen Bruder ansah, sagte von mir, dass ich

»zuerst Lichter und Formen« malte. Damit hatte er nicht ganz Unrecht. Ich habe mein ganzes Leben dem Versuch geweiht, dieses Licht zu erreichen, das geheiligte Licht, das Morgen- und Abenddämmerung umflutet, dieses Licht aus Urzeiten, dieses milchige Weiß, das ich in *Der Nachtfalter* oder in *Mädchen mit weißem Hemd* gefunden zu haben glaube. Licht und Form, ist das nicht ein göttliches Abenteuer, ein Vordringen auf das Meer der Göttlichkeit? Vielleicht habe ich deshalb die Berge und Täler dem Meer vorgezogen, von dem man nur wenige Beschreibungen findet. Die Gipfel sind die Gipfel meiner Jugend. Die Motive meiner Malerei sind ganz der Lobpreisung geweiht, dem Durchdringen des Lichtes.

Unser Leben ist von Prüfungen und Spannungen bestimmt, aber auch von unbeschreiblichen Augenblicken der Gnade, die man nur erkennen muss: Das war die Lehre Bonnards, die Lehre des Glücks, nach dem ich streben wollte, auch wenn ich die Flucht und das Verlassensein kannte. Der Tod unseres ersten Kindes, das so jung gestorben ist, im plötzlich goldenen Licht des türkischen Zimmers der Villa Medici. Gräfin Setsuko bewahrt daran eine starke Erinnerung, wie eine Offenbarung und eine Himmelfahrt unseres geliebten Kindes in strahlendem Licht. Vielleicht sind wir deshalb so leidenschaftlich in unserem Glauben, wegen dieser Gewissheit des Lichtes, seiner Offenbarung, die mich so oft beschäftigt hat und die ich in ihrem Strahlen erfassen wollte. Deshalb ist Malen ein Zustand der Gnade. Man lässt sich nicht ungestraft auf die Malerei ein. Man muss ihrer würdig sein. Den heiligen, verpflichtenden Befehl annehmen. Und man darf nichts über sich sagen.

Nur dem leisen, trockenen und süßen Geräusch des Pinsels auf der Leinwand zuhören, die gespannt ist wie eine Trommel, und sich dem Lichte nähern! Der Anspruch ist einzigartig, unersättlich, tyrannisch. Ich habe erlebt, wie ich zu einem Sujet zurückkehrte, wie ich alles neu begann, was ich vollendet glaubte, obwohl jedes Ding an seinem Platz zu sein schien und alle rings um mich damit zufrieden waren. So war es mit *Das türkische Zimmer*, so war es mit der dritten Version des Bildes *Mädchen mit Spiegel*, das ich ganz von vorne beginnen musste, weil die Farbe nicht hielt und in Stücken herabfiel, als habe das Licht das Bild nicht getragen, nicht unterstützt …

In Rossinière ist das Leben, das wir führen, ganz und gar der Malerei gewidmet. Sie ist das einzige, was ich wirklich annehmen und leben konnte: die Malerei, diese Gabe. Es liegt etwas Mönchisches in unserer Zurückgezogenheit. Aber diese Zurückgezogenheit steht den anderen offen. Welch eine Freude, wenn Philippe Noiret uns besucht oder wenn Bono, ich glaube er ist der Sänger der Rockgruppe U2, seine Lebensfreude, seinen Überschwang, seine Freundlichkeit verbreitet! Wandel, alles ist Wandel …

82

Mir fällt auf, dass alle Menschen, die ich gekannt und geliebt habe oder die zu meiner Familie gehören, auf die eine oder andere Weise in einer fast mystischen Beziehung zum Leben und zur Welt stehen. Wie könnte es auch anders sein? Als müsse man akzeptieren, dass man vor eine Instanz geladen wird, der man sich keinesfalls entziehen kann. So denke ich an meinen Freund André Malraux. Wir hatten nicht immer dieselben Auffassungen vom Leben, aber er hatte eine Glut, eine Leidenschaft, eine Wahrheit in sich, die über ihn selbst hinausging, wenn man das so sagen kann. Er war ein Mensch mit einer geschärften Wahrnehmung der Welt, mit geschärft meine ich, dass sie extrem war, unendlich. Er besaß eine Fähigkeit zur Synthese, mit der er die Grenzen zwischen den Zivilisationen neu absteckte. Er fand das Lächeln des Engels von Reims in dem eines Buddhas aus Angkor wieder. Kunstwerke waren für ihn nicht mit einer bestimmten Epoche in der Geschichte verbunden, sie waren untereinander mit einem unsichtbaren Faden verknüpft, der durch das Universum lief. So könne man, wie er sagte, dieselbe Spannung in einem Meisterwerk der italienischen Renaissance und in einem chinesischen Bild aus der Song-Zeit wieder finden. Ich teilte diese Vorstellung, dass alles in allem enthalten sei. So habe ich mehrfach den Berggipfel des Montecalvello dargestellt, wie ihn vielleicht Mi Fu oder Huang Gongwang, wunderbare Landschaftsmaler aus der großen Song-Zeit, hätten malen können. Die »Falten« der Landschaft sind dieselben. Ich habe immer den Glauben vertreten, dass alles auf Analogie beruht, was mir schon in meiner Jugend in Beatenberg ganz offensichtlich erschien. China war bereits da, in diesen Alpenhöhen, im Faltenwurf der Felsen, in den Tannenwäldern ...

Malraux war ein Enthusiast, der nicht an Gott glaubte, deshalb jedoch nicht weniger religiös war als ich. Er verehrte die Kunst vor allem, weil sie in seinen Augen der unwiderlegbare Beweis der Größe des Menschen im Verhältnis zu seiner Sterblichkeit war. Deshalb glaubte er, die Kunst sei der Träger des Lebens, ein wahrhaftiges Mittel gegen den Tod. Unser gegenseitiges Verständnis rührte von dieser gemeinsamen Gewissheit her. Ich habe stets die Ansicht vertreten, dass man angesichts des Universums und der scheinbaren Absurdität des menschlichen Daseins im Gebet verharren muss, denn nur so kann man das Leben preisen. Ich sehe keine andere Definition der Kunst als jene, die darin besteht, die Schönheit zu feiern, sie zu besingen und zu vollbringen. Meine jungen Mädchen überwinden die Sterblichkeit, sie preisen das Leben durch die Spannung ihrer Körper, durch das Licht, das sie umhüllt. Dies ist eine Möglichkeit, die Gewissheit des Todes zu sublimieren.

Als Malraux 1967 seine *Anti-Memoiren* schrieb,

war er in einer Geistesverfassung, wie ich sie jetzt erlebe. Ich habe nicht das Schweigen über mein Leben gepflegt, das im übrigen arm an romantischen und pikanten Ereignissen ist, ich habe nicht so beharrlich jedes Fernsehinterview in meinem Atelier abgelehnt, um mich jetzt einem Erguss von Worten hinzugeben, der mir sehr unschicklich erschiene. Malraux dachte ebenso. Er hat in Rom, während er seine eigenartigen Memoiren schrieb, lange mit mir darüber gesprochen. Es ging ihm nicht um chronologische, intime Geständnisse, sondern vielmehr um einen geheimen, direkten, ungewissen Dialog mit sich selbst und mit den Menschen, denen er begegnet war, mit der Geschichte und mit der Kunst. Ich würde mich gern an die Methode erinnern, die er mir oft mit seiner rauen, tiefen Stimme erklärte, auf den von hohen Sträuchern gesäumten Wegen der Villa Medici, zu deren Hüter er mich einst ernannt hatte. Was ich hier wie in einem Atemzug erzähle, ist tatsächlich nur Atem, sind Worte in Moll, als dürfe ich am Vorabend meines Todes, da ich die Tage zähle wie dem Tod entrissene Augenblicke des Glücks, angesichts des unvollendeten Bildes nicht zu laut reden, aber dennoch mit jener schlichten Hellsichtigkeit, die einem das hohe Alter schenkt, mit der Klarheit, die sich nur an bestimmte Fakten erinnern will, an bestimmte Stimmungen und Momente. Man kann nur mit diesem Anspruch sein.

83

Die Gräfin hat stets gesagt, das Chalet gleiche einem chinesischen Haus. Überall Holz, knackende Dielen und Wände und dieser Eindruck von Freiheit, der durch die Zimmerflucht entsteht. Ich liebe diesen Ort, denn hier kann ich malen. Er ist offen für das Unendliche, für die Berge, und gleichzeitig abgeschlossen. Die Momente unsagbaren Glücks werden von Mozart verzaubert, wenn die Töne sich im Chalet ausbreiten, durch die Fenster dringen, sich über die Felder verteilen. Gräfin Setsuko malt gleich nebenan ihre Katzen und Stillleben sowie die Kaschmirstoffe mit den tausend geflochtenen Blumen. Ich habe sie von Anfang an, schon als wir in Rom lebten, ermuntert zu malen. Ich musste ihr lange Mut machen, ehe sie sich dazu entschloss. Sie hat sehr viel Talent, eine sehr genaue Art, das Wirkliche zu erfassen, was sie natürlich auch ihren japanischen Ursprüngen verdankt. Manchmal illustriert sie zum Spaß japanische Märchen, die alten, traditionellen Legenden ihrer Vorfahren. Als unsere Tochter Harumi ein Kind war, bastelte sie ihr kleine Marionetten oder zeichnete ihr Geschichten in Alben. Man kann sich nicht vorstellen, welche Bedeutung, welchen Einfluss das auf einen jungen Geist haben kann. Ich denke an die Alben und Bücher, die meine Mutter Baladine mir schenkte, vor allem an den

Struwwelpeter, eine berühmte Geschichte aus dem neunzehnten Jahrhundert, die Geschichte eines bösen Kindes, grausam und surreal. Zu Beginn der zwanziger Jahre liebte ich dieses Bilderbuch über alles, und ich habe in meiner späteren Malerei viele Spuren davon bewahrt. Ich habe immer erklärt, und ich sage es auch heute noch, dass ich so male, wie ich früher, in meiner Kindheit die Welt gesehen habe. Das steht außer Zweifel, und manche haben sogar Gefallen daran gefunden, die Ähnlichkeiten zwischen den alten Legenden und den unbewegten Szenen meiner Bilder aufzuzeigen, wie etwa in meinen Illustrationen zu *Sturmhöhe* oder in *Das Zimmer, Die Kinder* oder auch in *Die Goldfische.* Es lassen sich tatsächlich sehr viel sagende Spuren darin finden.

Meine Söhne verbreiten eine kleine Anekdote: Sie behaupten, dass sie mir eines Tages, als sie aus der Schule kamen, mitgeteilt hätten, sie wollten ein Motiv malen, das ihnen die Lehrerin aufgegeben hätte. Sie sagen, ich hätte ihnen verboten zu zeichnen, mit der Drohung, ihnen die Finger abzuschneiden. Diese Geschichte des »strengen Vaters« bringt mich zum Schmunzeln und erfreut mich zugleich. Woher habe ich sie bloß? Aus diesen gleichermaßen grausamen und lustigen Kinderbüchern? Gewiss eine Reminiszenz an die Kindheit. Wie weit war man doch damals von den keimfreien Auswüchsen der heutigen Kinderliteratur entfernt!

84

Die Orte, die wir gewählt haben, waren immer geheime, dunkle Zeichen einer Vorsehung. Zum Beispiel Montecalvello. Wir hatten schon mehr als achtzig Ruinen besichtigt, konnten uns jedoch für keine entscheiden. Eines Tages entdeckten wir dann die alte Zitadelle hoch oben auf ihrem feudalen Hügel. Dort war es, unser Anwesen, dort wollten wir leben! Doch Montecalvello war nicht zu verkaufen. Auch wenn es ganz offensichtlich verrückt schien – die Höfe, die verschiedenen Etagen, alles war verfallen –, so wussten wir doch, dass es für uns bestimmt war. Wir beendeten unsere Suche, und eines Tages stand Montecalvello tatsächlich zum Verkauf. Wir zogen von der Villa Medici dorthin und führten umfangreiche Renovierungs- und Verschönerungsarbeiten durch, ganz so, wie ich es in der Villa getan hatte. Ich erneuerte die Fresken, fand eine Kalktünche in der Farbe der Zeit, und wir richteten das Schloss sehr sparsam ein, mit nüchternen Stoffen und Möbeln, um die trotz des feudalen Charakters überaus elegante Architektur des Ensembles hervorzuheben. Wegen des Klimas konnte ich jedoch nicht in Montecalvello bleiben: Mein Arzt empfahl mir für meine Bronchien eine trockenere und kräftigere Luft. So näherten wir uns den Alpen meiner Kindheit. In Rossinière breitete die Vorsehung noch einmal ihre schützenden Flügel über uns aus. Das Chalet war ebenfalls nicht zu verkaufen, als wir es entdeckten, doch die Gräfin spürte, dass dort ihr Platz war. Sie erklärte sogleich, es unbedingt kaufen zu wollen. Dies war keine Laune, sondern eine Gewissheit, wie das Wiedererkennen eines Ortes, den sie bereits bewohnt oder besucht hatte. An diesen Zeichen erkennt man, dass ein Haus für einen bestimmt ist. Ich bat meinen Galeristen Pierre Matisse, es zu bezahlen, und gab ihm dafür ein paar Bilder. So kostete mich Rossinière folgende Gemälde: *Montecalvello*, *Schlummernder Akt*, zwei *Stehende Akte* und *Der Maler und sein Modell*. Ich bedaure diesen Tausch nicht im Geringsten. Er erlaubte mir, in dieser Landschaft meiner Jugend vor Anker zu gehen, meine einstigen Empfindungen wieder zu finden, ein ganz besonderes Licht und das Gefühl der Rückkehr. In gewisser Weise hatte ich diesen auserwählten Ort niemals verlassen, mit dem mich unendliche Zuneigung verband. Es war eine Art, nach Hause zurückzukehren, zu den Erinnerungen an Baladine, zu den Gefühlen meiner Jugend, zu jenem kindlichen Beben, das ich nicht völlig verloren hatte, hier jedoch noch stärker und unberührter wieder fand.

So ist das Leben. Man glaubt sich eine Zeit lang von zu Hause, von der vertrauten Welt zu entfernen, doch man entfernt sich keineswegs, sondern findet vielmehr den Ursprung wieder. Je weiter man geht, desto mehr kehrt man in gewisser Weise zurück. Die Reisen nach Italien und die Entdeckung Piero della Francescas verbanden mich in Wirklichkeit mit dem Land meiner

Kindheit und mit den Bildern und Vorstellungen, die es in mir schuf. In Rossinière genießen wir einen Frieden der Stille und Arbeit. Es ist eine Art, die »wieder gefundene Zeit« zu leben, von der Marcel Proust sprach.

85

Dank Picasso habe ich schon zu Lebzeiten mit dem Gemälde *Die Kinder*, das er von mir gekauft hatte, Einzug in die großen Sammlungen der Nationalmuseen gehalten. Uns verband ein geheimes Einverständnis und eine sehr enge Freundschaft, aber sie war nicht überschwänglich, nicht demonstrativ. Unsere Ansätze hingegen waren unterschiedlich: Er zögerte nicht, die verschiedensten und gegensätzlichsten Experimente zu machen, während ich ohne abzuweichen an dem einen undurchdringlichen Abenteuer festhielt. Meine Suche nach der Kindheit, nach ihrem Zauber und ihren Geheimnissen interessierte ihn sehr. Er überschüttete mich damals so mit Komplimenten, dass ich sie alle vergessen habe, übertrieben schmeichelhaft wie sie waren. Picasso liebte mich für mein Anderssein und für die heftige Einsamkeit, die ich pflegte, weil sie für meine Arbeit unerlässlich war. Das war 1948. Ich erinnere mich gut daran. Wir trafen uns zum ersten Mal im Jahre 1947 in Golfe-Juan, dann sahen wir uns in Paris wieder. Ich fühlte mich ihm nah, weil ich das Gefühl hatte, wir beide würden von einer inneren Notwendigkeit geleitet, die uns unumstößlich an jeder unserer Überzeugungen festhalten ließ. Er in seiner Beweglichkeit und seiner zügellosen Neugier, ich in meiner innerlichen Suche, meiner Beharrlichkeit und meiner

Stille. Picasso hatte mit Sicherheit etwas zutiefst Religiöses oder eher Rituelles an sich, etwas Sonnenerfülltes, Griechisches. Ich war bereits in einer düstereren, aggressiveren Geistesverfassung. Ich erinnere mich an die Porträts, die ich 1935 von Antonin Artaud malte. Als er aus Rodez zurückkehrte und sein Wahnsinn ihn fast völlig gefangen nahm, beschuldigte er mich, eine Seite von ihm zum Ausdruck gebracht zu haben, die er verabscheute: »Ihr entsetzliches Unbewusstes«, schrieb er mir.

Was ich erfasst hatte, was Artaud an sich ablehnte, das hatte meine Hand nur gelenkt. Meine Hand hatte lediglich wiedergegeben, was ich dunkel wahrgenommen hatte, ohne mir dessen wirklich bewusst gewesen zu sein. Ich war sicher, dass man nicht anders malen könne als in dieser scheuen Spannung, die allein zur Wahrheit führt.

86

Als Rilke 1926 im Sanatorium in Val-Mont starb, war ich achtzehn Jahre alt. Sein geheimer Einfluss verstärkte gewiss meinen damaligen Ernst und mein scheues Wesen. Mit Rilkes Tod verschwand gleichsam eine schützende Hand. Ich empfand zu große Bewunderung und eine zu starke Liebe für meinen Vater, als dass der Freund meiner Mutter ihn hätte ersetzen können. Aber Rilke vermittelte mir den Zugang zu nächtlichen Wegen und den Geschmack an engen Passagen, die man hinter sich bringen muss, um das Offene zu erreichen. Mit achtzehn Jahren war mein Leben schon ganz der Malerei geweiht und ich war überzeugt, nichts anderes tun zu können als zu malen. Alles würde damit verbunden sein. Sehr früh schon verstand ich, dass man alles neu erschaffen und erfinden musste. Neu erschaffen im Sinne von Jouve, der sagte, dass man die Vergangenheit in ihrer Gesamtheit wieder finden müsse und erfinden im Sinne von enthüllen, einen neuen, unschuldigen Blick entwickeln. Ich spürte, wenn auch noch sehr undeutlich und verworren, dass da etwas Mächtiges, Edles, unendlich Ehrgeiziges von mir verlangt wurde, etwas, das keine Akademie, keine Schule, keine der modernen Strömungen mich je lehren konnte. Mit diesem jugendlichen Eifer und dieser Aufrichtigkeit widmete ich mich der Malerei, dem Unbekannten, von dem ich wusste, dass es nicht nur Freude und Glück verhieß, sondern auch Zweifel, Angst und schmerzhafte Erlösung. Ich habe niemals gezögert, ein Bild neu zu beginnen, wenn ich es schon vollendet glaubte. Meine Langsamkeit ist kein Zeichen von Perfektionismus, sondern ein Mittel, mich der kaum erblickten, erahnten Wahrheit so weit wie möglich anzunähern. Aufgrund des sehr bescheidenen Lebens, das ich in Chassy führte, verlangten meine Söhne oft, ich solle mehr produzieren. Ihre Jugend trieb sie zu der Annahme, eine größere Produktion würde uns ein besseres Leben ermöglichen. Ich lachte über diese Naivität, die meinen Zielen so fern lag. Malen hat nichts mit Geschäftssinn oder Mode zu tun, sondern mit einem persönlichen, anspruchsvollen und grausamen Abenteuer, das in unauslöschlicher Schönheit endet. Mystik *par excellence*. Warum würde der Maler sonst so viel Enttäuschung und Armut ertragen, all seine Zeit diesem köstlichen Leiden opfern? Opfern ist das richtige Wort, weil die Arbeit des Malers mit dem Heiligen in Verbindung steht. Ohne die spirituelle Dimension, den Umgang mit dem Mysterium würde er höchstens für gewagte Abenteuer, für die Tyrannei der Mode taugen.

Ich habe stets das Gefühl gehabt, dass meine Bilder nicht vollendet seien, dass es noch etwas daran zu arbeiten gebe. Dies geht so weit, dass die Gräfin sie oft meiner verzweifelten Gewohnheit entreißen möchte. Wenngleich ich an einen Punkt gelangt bin, da man mir viele Lobeshymnen singt, denke ich ohne übertriebene oder trügerische Bescheidenheit, dass die meisten meiner Bilder vollkommen gescheitert sind. Dies liegt daran, dass ich in ihnen noch so viel Fehlendes finde, das unzugänglich ist, wenn auch schon erahnt. Irgendwann muss man sich entschließen, sie loszulassen. Dieses Loslassen, dieses Verlassen ist immer von einer Art Verzweiflung begleitet. Das nächste Bild erlebe ich wie eine andere Passage, eine andere Art, die Spur jener Schönheit zu entdecken, die Piero della Francesca, Poussin, Courbet mit absoluter Gewissheit erlangt haben.

Ist nicht das Wort »Passage«, das auch im Titel meines Bildes *Die Passage des Commerce-Saint-André* von 1952 vorkommt, in gewisser Weise das deutlichste Sinnbild meiner Versuche? Es geht mir darum, etwas zu passieren, das heißt zu durchqueren, um ans Ziel zu gelangen.

87

Ein Maler übt ständig die Schärfe des Blicks. Er will weiter gehen als das, was die Wirklichkeit zu erkennen gibt, doch dieses »weiter« ist immer schon Teil der Wirklichkeit. Er muss diesen geschärften Blick haben. Deshalb hört man niemals auf zu schauen und in der Wachsamkeit des Sehens zu verharren. Es ist auch nicht wichtig, ob man – wie ich heute – eine geschwächte Sehkraft hat. Was zählt, ist die Spannung des inneren Blicks. Die Art, die Dinge zu durchdringen, die Gewissheit zu haben, dass sie lebendig sind, in ihrem unvorstellbaren Reichtum. Deshalb denke ich, dass die Malerei vor allem ein religiöses Abenteuer ist. Es ist unglaublich, dass beispielsweise Mondrian die Landschaften und sein bewunderswertes Talent, Bäume zu zeichnen, aufgegeben hat, um ihnen kleine, scheußliche Quadrate in allen Farben vorzuziehen. Die Intellektualität, die Konzeptualisierung der Welt hat die Malerei ausgetrocknet und sie so der Technologie angenähert. Sehen Sie sich nur die Irrwege der Kubisten oder die optischen Bilder Vasarélys an …

Die Zartheit der Blütenblätter oder die Schläfrigkeit der Katzen und der jungen Mädchen einzufangen, verlangt unendliche Geduld, die nichts mit der Hast des modernen Lebens zu tun hat. Der ärgerliche und falsche Glaube, man hätte die Welt in unmittelbarer Reichweite, sobald man einen Fernseher einschaltet, hat zweifellos die Menschen und die Dinge verraten. Manchmal fahre ich in einer altertümlichen Kalesche durch die Täler meines Kantons. Der langsame Gang der Pferde gibt mir die Zeit zu sehen und entspricht meinem menschlichen Dasein. Wie kann man in Bewegung und Lärm diese Gnade des »fast Erreichten« erfüllen und erfassen? Es geht nicht darum, dem modernen Leben den Prozess zu machen. Sondern vielmehr darum, dem Erbe treu zu bleiben. Die wunderbare Berufung des Malers, sein zwangsläufiges Schicksal könnte man sagen, besteht darin, mit der Melodie der Welt im Einklang zu sein. Man muss das Beben der Dinge an der Färbung des schräg einfallenden Lichtes spüren, das die Geschichte der Zeit in sich birgt. Das ist eine vor allem religiöse Arbeit, deren Ergebnis die Lobpreisung dieser weiten, göttlichen Welt ist.

Ich habe schon gesagt, dass ich bete, ehe ich mich vor die Leinwand setze, ehe ich mit dem kleinsten Pinselstrich beginne. Die Jungfrau von Czestochowa, die in Polen erschien, dem Land meiner Vorväter, wacht voller Sanftmut über mich. Ihr Magnifikat, gesungen im Moment der Erscheinung des Engels, ist eine der größten, der fruchtbarsten und schöpferischsten Hymnen der Hingabe an das Religiöse: »Mein Geist jubelt über Gott meinen Retter«. Die Malerei muss dieser Verkündigungsszene gleichen. Das Herz der Welt sichtbar machen, ihre Kindheit, ihre Jugend. Ihr Licht.

88

Alberto Giacometti war für mich der charmanteste, liebenswürdigste Freund. Ist es Zufall, dass er in meinem Atelier über die geheimen Bewegungen meiner Malerei und ihre langsame Entwicklung wacht? Sein Foto hängt hinter meinem Sessel, genau gegenüber der großen Staffelei, es scheint mich zu beschützen und erinnert mich an unsere langen Diskussionen, in denen wir durchaus nicht immer einer Meinung waren.

Giacometti dachte, die Malerei könnte ein grenzenloses Mittel sein, den Menschen und die Natur kennen zu lernen. Deshalb wandte er sich nach seiner surrealistischen Periode wieder dem Subjekt, dem Gesicht zu. André Breton verzieh ihm nie, was er für Verrat hielt. Giacometti blieb unbeirrt. Wir begegneten uns in dem Verlangen, das Geheimnis eines Körpers, eines Gesichtes, einer Blume zu durchdringen. Die Surrealisten verachteten damals diese Art zu malen. Für sie spielte sich alles woanders ab, in der Traumwelt, in der *écriture automatique*, in einer Scheinwelt. Giacomettis Vorgehen hatte etwas Religiöses, etwas zutiefst Heiliges an sich. Das berührte mich außerordentlich. »Alle Welt weiß, was ein Kopf ist«, hatte Breton zu ihm gesagt und Giacomettis Zeichnungen mit einer Handbewegung weggefegt. Und Alberto antwortete mit anrührender Demut: »Ich nicht, ich weiß es nicht!«

Dabei erreichten seine Zeichnungen tiefe Wahrheiten, er vermochte seinen Modellen die Gnade des Augenblicks zu entlocken. Er vereinigte die erlesene Strenge der alten Meister mit der lebhaften Emotion der Gegenwart, verlieh dem flüchtigen Moment Ewigkeit. Wie konnte ein Mann wie André Breton einer solchen Intensität nur so verständnislos gegenüberstehen?

Giacometti besaß ein Feuer, einen Sinn für Freundschaft, eine leidenschaftliche Großzügigkeit, die ihn vor jedem Corpsgeist, allen Moden und aller Intoleranz bewahrten, die in den dreißiger und vierziger Jahren wüteten. Vor allem seine Schlichtheit bezauberte mich und sein Adel eines Grandseigneurs. Er fehlt mir sehr.

89

Meine Eigenheit rührt daher, dass ich weder abstrakten noch surrealistischen Versuchungen nachgegeben habe, weshalb ich von André Breton oder den Abstrakten nie geschätzt wurde. Aber ich war nicht böse darüber und mein Heathcliff-Charakter tat ein Übriges: Scheu und finster, wie ich war, wurde ich kaum von Kunsthändlern oder Galerien eingeladen. Es gab eine Zeit, da ich dennoch verzweifelt darüber war; so viel Arbeit und so viel Energie für nichts als Schweigen, Einsamkeit … Ich glaubte trotzdem an meine Chance, eine Frage des Eifers, der inneren Gewissheit. Ich wollte nicht der Abstraktion nachgeben und war, während ich figurativ malte, doch überzeugt, diese zu berühren. Ich versuchte, innerhalb der engen, von der Leinwand gesetzten Grenzen die innere Architektur, die geheime Struktur meines Motivs zu erreichen. Sehen Sie sich meine Landschaftsbilder von Chassy an, einen Bauernhof oder die verschiedenen Ebenen einer Landschaft, in der sich Felder und Äcker anordnen, oder auch ein junges Mädchen, das aus dem Fenster auf diese blickt: Die Komposition der Bilder berührt die Abstraktion. Bei Cézanne ist der Punkt, an dem sich das Figurative mit dem Abstrakten verbindet sehr offensichtlich. Ich würde nicht sagen, dass Cézanne ein rein figurativer Maler war. Durch die Kraft der Vereinfachung erreichte er das Wesentliche, die inneren, starken Linien seines Motivs, das nichts mehr mit einer Reproduktion der Natur gemein hat. Es gab eine Zeit, da die abstrakte Malerei zur Pflicht wurde, ohne dass sich die Maler die Mühe machten, die Synthese zu verstehen, die Cézanne als Erstem gelungen war. Bei ihm bewundere ich vor allem die Neuerfindung der Welt durch die Einsicht in ihre tiefen, mathematischen Gesetze, ohne dabei jemals die Fortschritte der alten Meister auf diesem Gebiet zu vergessen. So hatte bereits Piero della Francesca die strukturellen Zusammenhänge verstanden, die später zur Abstraktion führten, diese innere Alchimie. Das sollte die Maler zu mehr Demut und Bescheidenheit veranlassen ...

90

Diese Bescheidenheit, die noble Schlichtheit, die ich für den Künstler fordere, finde ich bei meinem Freund Claude Roy wieder, der meiner Malerei vor einigen Jahren ein Buch widmete. Seine Anwesenheit war mir sehr angenehm, er war ein Mann mit großem analytischen Verstand und außerordentlichem Feingefühl. Er besaß eine unglaubliche Kultur, wusste die Verbindungen zwischen den Dingen herzustellen und sah durchaus die Gemeinsamkeiten, die ich zwischen der fernöstlichen und der westlichen Kunst entdeckt hatte. Er war ein sehr feinsinniger Liebhaber der chinesischen Poesie und wir führten wunderbare Gespräche über dieses Thema. Eines Tages, als er mich in der Villa Medici besuchte, denn unsere Freundschaft reicht in die sechziger Jahre zurück, lasen wir in einem Lexikon – ich glaube, es war der *Robert* – mit großem Spaß den Eintrag unter »Balthus«: Meine Malerei wurde als »glauque« beschrieben. Was wollten sie damit sagen? Wenn »glauque« im Sinne »von bläulich grüner Farbe« gemeint war, so sahen wir keinen Bezug. Oder war das Wort eher in seiner moralischen Konnotation zu verstehen, also im Sinne von pervers, anrüchig und zwielichtig? Gewiss wurde das Adjektiv in dieser Bedeutung gebraucht. Dennoch musste ich lächeln über diese Fehlinterpretation meiner Malerei. Insgeheim war es mir nicht gänzlich unangenehm, auch auf diese Weise wahrgenommen zu werden. Es war schon möglich, dass den Mädchen, von denen ich so viele Skizzen und Porträts gemacht hatte, bis hin zu der gewollt skandalösen *Gitarrenstunde*, eine zwanghafte, erotomanische Haltung anhaftete. Ich habe mich immer dagegen gewehrt, weil ich in ihnen nur engelsgleiche, himmlische Wesen sah. Aber die Welt einiger meiner Freunde, von Artaud über Bataille bis hin zu Jouve, ist daran nicht gänzlich unschuldig. Diese Beziehungen sind nicht zufällig und der Schritt von ihrer Welt zu meiner ist leicht gemacht.

In Wirklichkeit jedoch glaube ich vielmehr an die tiefe Dualität der Geschöpfe. Mein Anspruch an die Arbeit des Malers hat etwas Religiöses, beinahe Asketisches, gar Jansenistisches. Und meine scheue Einsamkeit, meine »düstere Verachtung«, wie Jouve sagte, lassen mich an das Erbe eines vom Absoluten und Idealen besessenen Don Juan denken. Nichts ist »glauque« oder krankhaft an dieser Doppeldeutigkeit. Es gibt nur den ersehnten und den erlittenen Teil.

Wenn ich von Engeln spreche, von der verwirrenden Anmut einiger meiner Mädchen, darf man auch den strahlendsten Engel nicht vergessen, gefallen und herrlich, Luzifer!

Es ist genau diese Doppeldeutigkeit, die die jugendliche Verwirrung der Körper meiner Mädchen enthüllt: das Licht der Finsternis und das Licht des Himmels. Dennoch glaube ich, dass die Spur, die meine Malerei hinterlassen kann, nicht die des zynischen

Don Juan ist und ebenso wenig die einer frommen Engelsanbetung. Wie Byron oder wie der heftige, kompromisslose Held aus *Sturmhöhe* werde auch ich im Schatten und im Licht nach den Spuren der reinen Natur gesucht haben.

91

Das Licht, nicht greifbar, Tyrann und höchstes Gut des Malers, weil es das Gesicht erstrahlen lässt und durchscheinend macht. Während meiner gesamten Arbeit war ich jenem Geheimnis des Lichts auf der Spur. Vor dem Fenster meines Ateliers im Cour de Rohan zum Beispiel oder in Colettes Gesicht habe ich es gefunden, wie ich es sah und wie es sich zeigte, Licht ganz allein, ein strahlendes Herz aus Licht. Das Porträt von Colette wacht jeden Tag über die Gräfin und mich, es hat etwas, was der Arbeit des Malers entgangen ist, was ohne sein Wissen entstand, sich auf sehr dunkle und geheimnisvolle Weise eingeschlichen hat. Die Gräfin hat *Colette im Profil*, das ich 1954 malte, 1993 zurückgekauft. Colette war die Tochter des Maurers, der in Chassy für mich arbeitete. Jetzt hängt das Bild in unserem Salon und verlässt uns nicht mehr. Es gehört zu den wenigen Bildern, die die Gräfin zurückgekauft hat, und es erfüllt für uns eine Schutzfunktion. Eine Form des inneren, spirituellen Lichts, das Licht der Engel, so könnte man sagen, ist darin eingefangen und strahlt wie eine Monstranz zur Stunde des Kaffees, des Tees, der Mittagsruhe und während der friedlichen Gespräche mit Freunden oder der Familie. Vielleicht findet sich darin der Schlüssel für die Arbeit des Malers, der danach streben muss, dieses Licht zu erreichen, das doch so schwer zu erfassen ist und größte Konzentration verlangt. Ich habe stets versucht, etwas von diesem Licht zu verstehen, seine Energien zu bündeln. Ich habe nie aufgehört zu fragen, wie es jedes Ding nährt und wie man es lebendig halten kann. Denn diese Luft muss man malen, die alles strukturiert, unsichtbar und vibrierend, sie muss man erfassen, damit das Bild ist, ganz einfach ist. Das unsichtbare Gesicht der Luft und des Lichts wirkt überall, ob von der Seite oder von vorn. Auf dem stehenden Porträt von Derain ebenso wie im fiebernden, kühnen und pathetischen Flug des Nachtfalters auf dem gleichnamigen Bild. Die Luft und das zurückgeworfene Licht machen das Bild aus, sie sind das eigentliche Thema.

92

Wusste ich im Alter von fünf Jahren, als mein Vater in Paris mit all den großen Geistern und außergewöhnlichen Talenten von Maurice Denis bis André Gide verkehrte, dass ich Künstlern begegnete, die die Malerei revolutionieren sollten, Künstlern, die man später die Maler des Lichts und der Luft nennen würde? Ich denke an die Leichtigkeit Cézannes, an Bonnards Transparenz, an Monets Arbeit mit dem Licht. Ich entsinne mich einer Reise, die ich mit meinen Eltern 1913 nach Thoronet in die Provence unternahm. Wir wohnten auf einem Bauernhof neben dem eines gewissen Monsieur Rey, ein Freund Cézannes. Im Verlauf der Gespräche hörte ich immer wieder dieses Wort: »Cézanne, Cézanne«, das für mich natürlich keinen direkten Bezug zur Malerei hatte, sich jedoch so seltsam in meiner Fantasie niederschlug, dass es für mich einer Zauberformel gleichkam. »Cézanne« war wie der Schlüssel zu einer Welt, die ich nicht kannte, die mich aber dennoch rief und mir Zugang zu einer unendlichen Fülle von Empfindungen gewähren sollte. Bonnard war eng mit unserer Familie verbunden, mein Vater empfand große Zuneigung für ihn, sehr zu Recht, denn er bewies unserer Familie große Treue. Als der Erste Weltkrieg ausbrach, mussten wir Paris verlassen, kurz darauf verloren meine Eltern wegen schlechter Geldanlagen ihren gesamten Besitz. Als all unser Eigentum der Versteigerung zum Opfer fiel und in alle Winde verstreut wurde, war es Bonnard, der einige persönliche Gegenstände kaufte, um sie uns zurückzugeben. Obwohl Bonnard kein direkter Lehrer für mich war, bedeutete er mir doch sehr viel wegen der Freundlichkeit, die er uns Kindern entgegenbrachte und wegen der Aufmerksamkeit, die er meinen ersten Arbeiten schenkte. Ich habe seine Sorge um Genauigkeit stets respektiert, die natürlich nichts mit vulgärem Realismus zu tun hatte, sondern das Wesen der Dinge darzustellen vermochte, die Qualität des Eises, das Zittern des Reifs im Winter, die aufgewühlten Wege und vor allem den Schnee, den er wie kein anderer zu malen verstand.

Eines Tages in meiner frühen Kindheit besuchten wir Bonnard in Giverny. Das Dorf war damals in heftigem Aufruhr. Unter dem Einfluss von Claude Monet hatten sich dort viele Maler niedergelassen, und man konnte keinen Schritt machen, ohne einer Staffelei zu begegnen. Am Nachmittag berichtete Marc Bonnard seinem Vater, dass Monet unerwartet eingetroffen sei, was im Haus große Freude auslöste. Ich entsinne mich eines alten Herrn mit langem weißen Bart, dem man großes Interesse entgegenbrachte und der sehr beeindruckend war.

Ich habe förmlich in jener Epoche gebadet, die so reich war für die Erneuerung der Kunst, der Frankreich einen so fruchtbaren Boden bot. Wie konnte ich mich nicht berufen fühlen, unter diesen Sternen zu malen?

In meiner frühesten Kindheit gab es jene Momente des Friedens und des Glücks, die Monet und Bonnard in ihren Bildern so gut auszudrücken verstanden. Die Vorzeichen des Krieges und des Exils weckten in mir das Gefühl des Mangels, der Abwesenheit und der Furcht vor zerstörten Beziehungen, den unangenehmen Eindruck, alles sei nur Übergang. Dennoch war meine von Baladines Anmut und der ernsten und kultivierten Autorität meines Vaters geprägte Kindheit glücklich. Später war mir auch Rilke ein aufmerksamer Zuhörer. Nie wollte ich diesen Bezug verlieren, im Gegenteil, ich bemühte mich ihn zu verstärken. Auf diese Weise habe ich meine Kindheit niemals verlassen: Vielleicht habe ich deshalb so hartnäckig Blumen und junge, blühende Mädchen gemalt?

93

»Die beste Art, nicht kindisch zu werden, ist immer noch, die Kindheit nicht zu verlassen«, pflege ich jenen zu sagen, die mich nach dem Alter fragen oder nach dem kindlichen Geist, auf den ich so sehr Anspruch erhebe. Das hohe Alter ist für mich kein schwerwiegendes, schmerzhaftes Problem. Natürlich ist es nicht gerade einfach zu akzeptieren, wenn man feststellt, dass die Sehkraft nachlässt oder dass man von seinen Nächsten abhängig ist, um eine Treppe hinaufzugehen und ins Atelier zu gelangen. Manchmal, ich gebe es zu, dröhnt meine Stimme durch die Holzwände des Chalets, wenn ich dringend Hilfe brauche. Doch die Gnade der Jahreszeiten, die täglich neue Begeisterung über einen weiteren der Finsternis abgerungenen Tag, ein Spaziergang bei jedem Wetter am Arm der Gräfin sind es immer wert, erlebt zu werden. In diesem Moment meines Lebens erreiche ich eine Stille und eine wesentliche Wahrnehmung der Zeit, die sich durch eine scheinbare Erschöpfung des Körpers und seiner Aktivität auszeichnen, tatsächlich aber von großer Intensität, großer Weite, großer Wahrheit sind. Jede Stunde, jeder Moment wird in einer unerklärlichen Fülle erlebt, in der die Probleme, wenn auch nicht gänzlich gelöst, so doch gemäßigt und befriedet erscheinen. Das Einzige, was bleibt, hartnäckig und drängend, ist das Verlangen zu malen, das Bild fortzusetzen und das unternommene Werk bis ans Ende meiner Kräfte weiterzuführen. Ich werde vorangehen, bis Gott es für richtig hält, mich zu sich zu rufen. Werde ich das Bild, an dem ich jeden Tag arbeite, jemals vollendet sehen? Es wird sich dennoch in jenem Rhythmus vollenden, den ich meinen Bildern immer gegeben habe: langsam und der geheimen Mathematik unterworfen, die es lenkt, denn in gewisser Weise ist es Gott, der über die Arbeit entscheidet. Keine zufällige und an das Leben, das mich verlässt, gebundene Eilfertigkeit kann die religiöse Entwicklung meines Bildes beschleunigen. Zuweilen wächst meine Angst durch die Vorstellung, dass dieses Bild nicht vollendet wird, sofern meine Bilder es überhaupt jemals waren. Wenn nicht vollendet, so doch wenigstens würdig, das Atelier zu verlassen und den anderen zu folgen. Sehr rasch finde ich jedoch die ruhige Heiterkeit wieder, nach der ich immer gestrebt habe. Das Bild wird gehen oder gehen müssen.

Die Gräfin hat großen Anteil an diesem Frieden des Herzens und des Geistes. Ihre Anwesenheit beglückt mich und tröstet mich über alle Verluste und alles Elend hinweg, die ich dem Alter zubilligen musste.

So lange wie möglich den Zauber der Tage und der Bewegungen des Lichtes bewahren.

94

Um dieses Licht und seine Bewegungen einzufangen, gibt es das Privileg des Fensters. Unser Chalet besitzt, wie es heißt, mehr als einhundertzehn davon (ich habe sie nie wirklich gezählt, sondern verlasse mich lieber auf die Legende) und ich habe viele gemalt, die vom Zauber der Welt künden, den ich empfand, wenn ich auf die Landschaften vor meinen Augen blickte: Chassy, Champrovent, der Cour de Rohan. Nicht Rossinière, aber das ist ein Sonderfall, den ich mir nicht zu erklären suche. Vielleicht genügt die offene Unermesslichkeit des Pays d'En Haut sich selbst und hat es nicht nötig, auf der Leinwand wieder gefunden zu werden. Ich weiß es nicht. Die Mädchen vor den Fenstern, die Früchte auf dem Fensterbrett, die Berge, die die Landschaft bestimmen, künden von der Grenzenlosigkeit der Welt, von jenem »Offenen«, über das Rilke sprach, dem Offenen hin zum Universum. Der Maler hat eine riesige Baustelle vor sich, deren Ursprung und deren Zentrum er wieder finden muss. Meine direkt dem Fensterrahmen entsprungenen Landschaften überschwemmen das Bild, um es das »An-Sich-Sein« erreichen zu lassen, das sehr Ferne, sehr Tiefe. Ich habe immer versucht, diese dunkle und geheimnisvolle Rückkehr der Dinge zu ihrem Zentrum, ihrem Schwindel erregenden Zentrum zu malen. Hätte ich mich nur mit der

Schönheit der dargebotenen Landschaft befasst, wäre ich in die schlimmste Falle geraten, in die Falle des Figurativen, des Pittoresken oder der Exotik. Die Suche findet woanders statt, sie geht von der Seele aus und kehrt dorthin zurück. Es ist unmöglich, diesen langsamen alchimistischen Prozess, der eine Landschaft in ihre Kehrseite verwandeln, ihren geheimen Zugang entdecken muss, mit Worten zu erklären. Unmöglich, diese Bewegungen des Begehrens zu erklären, die zum ursprünglichen, mythischen und demzufolge zwangsläufig undurchdringlichen, dunklen Ort zurückführen, nach dem man dennoch strebt. So zu malen heißt, die Tiefe der Welt zu erreichen suchen. Die Techniken, die ich den italienischen Malern abgeschaut und oft angewandt habe (jene Effekte, die man mit Kalk, Kreide oder Wachs erzielen kann), wollen diesen Weg in die Tiefe hin zu einem uralten Gedächtnis aufzeigen. Ins Offene gehen, sich ihm nähern, es manchmal erreichen, den der Zeit enthobenen Augenblick erfassen und zur Vergänglichkeit zurückkehren.

95

Um diese Bewegung wiederzugeben, gibt es nichts Besseres als die bewährten Techniken meiner treuen Italiener. Ich wollte einen gewissen Zustand der Schwerelosigkeit, des Schwebens in meine Malerei übertragen, eben das, was ich »der Zeit enthoben« nannte. 1956 habe ich das Bild *Der Traum II* gemalt. Darauf ist eine goldene Blume zu sehen, die wie eine Fackel durch den Salon getragen wird, in dem ein Mädchen schläft. Diese Blume, die von einer anderen, diaphanen und wie eine Vestalin wirkenden Frau gehalten wird, ist typisch für die innere Methode, die ich immer angewandt habe. Es geht darum, den flüchtigen Augenblick zu erfassen, das traumgleiche Vorbeiziehen der geheimen Dinge, jenen Moment, in dem sie einen anderen Sinn offenbaren, den der Maler im Übrigen nicht aufzuklären sucht, aber dennoch zeigt.

Wie dorthin gelangen? Wie diesen Augenblick enthüllen, wie ihn in seiner Dichte fassbar machen, in seinem Saft, in seiner undurchsichtigen Form, wenn man so sagen kann? Ich bewundere stets den schweren und zugleich leichten, glanzlosen Schimmer der italienischen Fresken. Die Kunst jener Maler, eine Transparenz ohne Glanz, eine leuchtende Lichtundurchlässigkeit darzustellen. Ich verwende paradoxe Begriffe, weil es so schwer ist, dies alles zu erklären, diese Obsession für die »Farbe, die es nicht gibt«, wie Edgar Allan Poe sagen würde, und die durchaus die Farbe der Zeit sein könnte. Oder die einer verschütteten Zeit, einer Zeit, die unter ihren Sedimenten noch lebendig wäre, wie in den Märchen, wenn die Prinzessin mit schmerzenden Gliedern aus ihrem langen Schlaf erwacht.

Die Freskomalerei von Giotto oder Masaccio besitzt diese Fähigkeit, gleichzeitig Schwere und Leichtigkeit auszudrücken, das Fließende und das Erstarrte, einen gewissen Zustand von Schläfrigkeit und Flucht, wie in den Fugen von Bach oder in den Variationen; die Sätze fliehen und nehmen Reißaus, um für einen gewissen Moment den erlesenen Gesang durchdringen zu lassen, die »goldene Frucht« …

Kasein, *gesso*, Gips, vermischt mit zerriebenen Pigmenten, das ist das uralte Rezept der *casearti*, um die Luft und die Zeit fühlbar zu machen. Ich musste mir diese alten Methoden aneignen, damit geschah, was ich begehrte. Es ist leicht zu verstehen, warum die von den meisten modernen Malern verwendete Acrylsäure in meinen Augen eine absolute Verirrung ist. Wie soll man damit den Traum und das Mysterium dessen berühren, was man malen will? Wie hätte ich das »Gesicht« des Schlafes in *Eingeschlafenes Mädchen* einfangen können, das ich 1954 malte, wenn ich so radikale und unmittelbare Methoden angewandt hätte?

Angesichts der Reiterinnen (1941) wie auch der Odalisken, die an Delacroix' Bild *Frauen aus Alger in ihrer Wohnung* (1959) erinnern, angesichts der schlafenden Mädchen wie auch der Träumenden (1955–1958), der saftigen Früchte (1983) und der Zartheit der Schmetterlinge (1959–60) kommt mir stets derselbe Gedanke: den Zauber und das langsame Erstarren der Dinge und der Geschöpfe übertragen, das andere Leben, das ihnen gegeben ist. Diesen Eindruck, dass Engelsflügel rauschen. Dass man ihre zarte Schwere wahrnimmt, wenn sie vorübergleiten.

96

Von Engeln zu reden bedeutet nicht unbedingt, dass Religion und Malerei miteinander verbunden sind. Eine echte Verbindung zwischen ihnen besteht allein durch das Band, das beide mit dem Unendlichen und dem Unsichtbaren verknüpft. In den Jahren meiner Jugend gab es ein echtes Missverständnis mit der Kritik und mit denen, die damals Malerei »machten«, Bannflüche schleuderten, Beweihräucherung betrieben oder Verbote aussprachen, wie es ihnen beliebte. Als man mich beschuldigte, ein figurativer Maler voll abstrakter Euphorie zu sein, konnte man sich nicht vorstellen, dass meine Malerei ein anderes Ziel als das der Darstellung verfolgte. Ich selbst wusste schon sehr früh, dass dies nicht mein Weg war, ich vernahm es, indem ich aufmerksam den Alten lauschte. Die großen Meister der heiligen und religiösen Malerei im Okzident wie im Orient sind nicht nur gegenständlich. Gewiss, sie bezeichnen, sie zeigen, doch vor allem öffnen sie den Blick für das Andere, ihre Malerei verschiebt die Perspektive des Auges, das nach innen geht, meditiert und zu den großen spirituellen Fragen gelangt. Es wäre wahrhaft vergeblich und wenig innovativ, wollte man sich damit zufrieden geben darzustellen, ohne ein inneres Echo zu erzeugen. Die Malerei des Mittelalters wie auch die indische Malerei sprechen von nichts anderem als von einer inneren Theologie. Was sie zeigen, hat das Ziel zu offenbaren, was sie auf das Bild übertragen, führt zu einer inneren Reflexion, einer spirituellen Erhebung, zu einer Metamorphose. In diesem Sinne verbinden sich Malerei und Religion, denn beide sind Werkzeuge einer Transformation, eröffnen auf alchimistische Weise die Möglichkeit eines Zugangs.

Ich habe Bilder betrachtet und war plötzlich sicher, vor etwas Riesigem und Schwindelerregendem zu stehen. Das menschliche Gesicht kann sich plötzlich ein wenig öffnen und unerhörte, wunderbare Welten offenbaren. In diesem Moment befinde ich mich in einem religiösen Zustand, in einem heiligen Raum. Dieses Ziel muss der Maler zu erreichen suchen. Sonst ist seine Kunst nichts als Technik und Geschick. Wenngleich die Technik dem Maler helfen kann, auf seinem Weg voranzugehen.

97

Einige meiner Bilder sind für sich genommen schon meine Autobiografie und würden es rechtfertigen, dass ich im Schreiben dieser Erinnerungen innehalte, bin ich doch seit langem überzeugt, dass ich niemals so viel über mich gesagt habe wie in meinen Gemälden. Wenn ich beispielsweise die Landschaften von Chassy oder Montecalvello nehme, so glaube ich wahrhaftig, dass sie zusammenfassen, was ich bin, und auch die innere Geschichte wiedergeben, der ich durch die Malerei Sinn verleihen durfte. Ich sehe in der inneren Mathematik, die sich in meinen Bildern erfüllt, China und die französische Malerei, Poussin, die Song-Malerei und Cézanne vereint: ein wahrlich heiliger und magischer Akt, der die Zivilisationen und die Jahrhunderte zusammenführt. Auch erkenne ich in ihnen unzählige Facetten meines Wesens, das scheu und heftig ist, aber auch den zarten Dingen lauscht. Meine Kindheit, meine Jugendreisen, bis hin zum Leben in Rossinière, das durch mein schwaches Gehvermögen eingeschränkt, aber dennoch weit und unendlich ist.

Weder das Alter noch der Wechsel der Jahreszeiten können diesen Dialog mit der Malerei unterbrechen. Der Tod allein wird meinen täglichen Besuchen im Atelier ein Ende setzen. Derzeit liegt ein unendlicher

Genuss darin, das Nikotin der Zigaretten einzuatmen, auf das entstehende Bild zu schauen, meine Arbeit gut zu machen und wie jeder anständige Christ das zu tun, wofür ich geschaffen bin.

98

Alles in allem werde ich nur ich selbst gewesen sein. Treu dem, was ich zu wissen glaubte, dem Erbe der alten Meister, ihrem Wissen, meiner Kindheit, dem, was meine Zivilisation geschaffen hat. Ich habe mich niemals vom Gesang falscher Sirenen bezirzen lassen, von Moden und ästhetischen Schrullen, nach denen es meine Generation und mein Jahrhundert so sehr verlangte. Auch wenn ich dadurch dickköpfig und aufsässig erscheinen mochte, habe ich immer nur getan, was ich wollte. Oder zumindest, was mein Gewissen und mein Instinkt mir eingaben. Gehorsam nur dem, was meine Hand diktierte, was der Geist mir zu sehen und zu übertragen gab. Klassisch wegen der Bewunderung, die ich den großen Meistern der französischen Malerei entgegenbrachte, romantisch durch den Heathcliff-Zug in meinem Wesen, habe ich immer die Klippen der Schulen und Gruppen, der Akademien und Salons umschifft. In diesem einsamen Voranschreiten, das kein leeres Gerede duldet, hat meine Malerei Gestalt gewonnen, um zum Wesentlichen zu gelangen. Deshalb habe ich meine Bilder nie kommentieren können, obwohl sie sich nach den Worten meiner Schriftstellerfreunde gut für eine literarische Analyse eigneten. Doch jeder Interpretation haftet zwangsläufig etwas Nachträgliches an. Malen heißt, von etwas auszugehen, das einem selbst unbekannt ist und das sich fast wie ein Wunder offenbart. Es geht darum, das Unsichtbare zu bezeugen, ein gewagtes und zugleich schicksalhaftes Abenteuer, ein wahrhaftes »Mysterium« im mittelalterlichen Sinn des Wortes. Was spielt sich ab in *Die Katze mit Spiegel II* oder *Das Aufstehen*? Der Maler kennt den Sinn der Szene nicht, er zeigt sie auf der Leinwand, das Sujet drängt sich ihm auf, Frucht persönlicher Reminiszenzen, all seines Wissens als Maler und all derer, die ihm vorangegangen sind. Das Mädchen, das die Leiter hinaufklettert um Kirschen zu pflücken, ist eine ferne Schwester jenes Mädchens, das in Poussins arkadischer Landschaft die gleiche Bewegung vollführt. Was soll man sagen, was hinzufügen? Es gibt keine andere Absicht als die, Schönheit zu erschaffen, tief und spirituell. In einer fernen Welt zu Hause, bietet sie sich auf der Leinwand dar.

Dieses faszinierende Abenteuer macht die Malerei aus und treibt sie immer weiter voran. Es geht scheinbar um fast gar nichts, um eine Leinwand, die man selbst spannt, um ein paar Pinsel, Farbtuben und Töpfe mit Pigmenten. Und da fängt alles an. Nichts darf Trick oder Gewohnheit sein. Sondern nur Quelle und Geburt. Malen heißt, sich jeden Tag zur Quelle zu begeben und dort sein Wasser zu schöpfen. Das Licht.

99

Dieses Licht und seine Unschuld habe ich auch wieder gefunden, als Harumi noch ein kleines Mädchen war: glückliche Momente, wunderbar, dem Lauf der Zeit enthoben, jene Stunden, da ich mit Setsuko in größter Heimlichkeit die Geburtstage unserer einzigen Tochter vorbereitete. Die Gräfin hat immer gern Geschichten in der großen Tradition ihres Landes erzählt, fantastische und wunderbare Märchen, in denen Kindern die entsetzlichsten Drachen und freundliche Sternschnuppen begegnen, in denen das Außergewöhnliche solche Normalität gewinnt wie in den geliebten Abenteuern von *Alice im Wunderland*. Setsuko schneiderte Kostüme für die Figuren aus Holz und Knetmasse, die sie selbst herstellte, und zu Harumis größtem Vergnügen gaben wir richtige kleine Theatervorführungen. Ich sang, ich erzählte, wir mischten bekannte Melodien aus den Opern Mozarts mit den Gestalten der japanischen Tradition, und das alles schien zusammenzugehören. Harumi hat uns eine unschuldige Freude geschenkt, etwas Fließendes, Leichtes, Sanftes und Ruhiges, wie das Kommen des Nachtfalters im Zimmer der Schlafenden, die ich gemalt habe.

100

Während ich diese Worte flüstere, spüre ich deutlich, dass sie nichts sind als Spuren und Krumen einer unendlich reicheren und erfüllteren Existenz, die sich allein in der Ausübung der Malerei erschöpft und verbraucht hat. Es ist natürlich weder das Flüstern von Fellini noch das von Malraux, sondern es sind Worte und Erinnerungen, die der großen Katastrophe des Alters entrissen und trotz allem mein Leben sind, das, was außer den Bildern davon bleiben kann. Um mich hinsichtlich dieses Unterfangens zu beruhigen, denke ich an das, was die Heilige Thérèse von Lisieux in Bezug auf ihre eigene Lebensgeschichte sagte: ein voller Fingerhut ist genauso viel wert wie ein voller Wasserschlauch. Wichtig ist, dass der Fingerhut voll ist, dass der Inhalt ihn gänzlich ausfüllt. Ich möchte, dass diese *Erinnerungen* jene Fülle besitzen, von der Thérèse spricht. Ich habe meine Zeit auf Erden in der Begeisterung für die Malerei gelebt, einer Berufung im religiösesten Sinne des Wortes. Ich habe mein Leben der Kunst geweiht, ohne andere Aufgabe als die, zu der mich die Malerei, die Vollendung des Bildes und die Überarbeitung des Motivs in gewisser Weise verurteilten. Jedes Bild habe ich als einen Schritt auf dem großen, unerschöpflichen und unbegrenzten Weg der Erkenntnis erlebt. Jedes war wie ein weiterer Schlüssel, der Geheimnisse offenbarte: Mysterium dieses brennenden Eifers, Geheimnis dieses unausweichlichen Zwangs, wunderbar und grausam zugleich!

Im Grunde hatte ich kein anderes Leben als jenes. Wer geglaubt hat, ich würde mich darum bemühen, Legenden zu spinnen, hat sich getäuscht. Ja, es gab nichts als dieses Leben, diese Geschichte eines Malers vor seiner Leinwand, diesen Kampf und dieses Band, an dem er jeden Tag neu webt, um Aufklärung, um tieferen Sinn zu erhalten. Ich habe immer an die Weisheit des Orients, an seine entwaffnende Schlichtheit geglaubt. Daran, dass »der Himmel dem Menschen das gibt, was der Mensch zu empfangen vermag«, wie der chinesische Maler Shitao sagt. Und um diese Gnade zu erreichen, muss man stets bereit sein, zu empfangen und sich hinzugeben.

101

Ich denke oft an Charles Péguy, der in *Notre jeunesse* verkündete, seine Generation sei »eine etwas isolierte, zuweilen fast verlassene Nachhut. Eine Truppe in luftleerem Raum«. »Archive, Fossilien, Zeugen, Überlebende der historischen Zeitalter werden wir sein«, sagte er. Ich fühlte als Maler stets die Pflicht, die Farben zu bewahren, in denen die italienischen Maler ihre Bilder erstrahlen ließen, mit denen sie das Wunderbare übertrugen. Wie kann man diese Farbpalette erhalten, da die modernen Gesellschaften, Herren über Tod und Künstlichkeit, sogar die Farbe entstellen, pervertieren, ihnen Härte und Unerbittlichkeit verleihen, während sie doch Übergang ist, Verbindung, Weg, um über die sichtbaren Formen hinauszugelangen?

Ich denke an das gelbe Senfgas, das im Krieg von 1914 so viele Menschen in den Schützengräben tötete, und an das blaue Gas, das die Juden in den Lagern vernichtete. Es ist gelungen, Farben herzustellen, die töten, die den Tod säen. Also muss man Archivwerke schaffen, wie Péguy sagte, muss die industrielle Farbe, Quelle von Tod und Gefühllosigkeit, ablehnen und stattdessen das Blau des Himmels und das Gelb der Felder wieder finden, Gold und Azur, Giottos Kreideblau und das vibrierende Gelb von Poussins Weizen! Giacometti begeisterte sich an Gesichtern und Blumen, an ihrem unzugänglichen Geheimnis. Und die Arbeit des Malers bestand darin, diesen Geheimnissen entgegenzugehen, dieser nie erreichten Frische.

Meine Suche richtete sich stets auf die Wege der Kindheit und der Farben. Ihnen fühlte ich mich verpflichtet. Ich kann nie genug betonen, wie wichtig es ist, die Kindheit zu bewahren, ihr nahe zu sein und im Kielwasser von Mozarts Glockenspiel zu bleiben.

102

Wertschätzung, offizielle Ehrungen, die Anerkennung des Publikums und der Kritik waren für mich niemals Ziel oder Triebkraft. Ich habe den Erfolg stets verachtet. Es ging darum, allein dem Weg der Schönheit zu folgen, nicht davon abzuweichen, weshalb ich niemals etwas erbeten habe. Die Anerkennung kam ohne mein Zutun, manchmal fand ich sogar, ich verdiene sie nicht wirklich, wie zum Beispiel die Ernennung zum Doktor *honoris causa* der Universität von Wrocław. Ich, der ich in meiner Jugend immer ein Einzelgänger, ein Suchender war, alles in der Praxis erlernt habe und niemals irgendeine Schule besuchte, hielt mich nicht für unwürdig, aber es hatte doch etwas Komisches und Ironisches! Die Malerei ist ein solches Abenteuer der Demut, dass es mir fast unangemessen erscheint, mit ihr akademische Titel zu erlangen. Unser lieber Freund, der polnische Kardinal Gulbinowicz hat mich überzeugt, diese Auszeichnung anzunehmen. Zur Erinnerung an meine polnischen Wurzeln und an meinen Vater, sagte er.

Der Kardinal besucht uns gelegentlich in Rossinière, er ist ein wunderbarer Gesprächspartner, der voller Gerechtigkeit und Wahrheit über den christlichen Glauben redet. Gräfin Setsuko, die in gewisser Weise in der Situation einer Konfirmandin ist und sich auf die Taufe vorbereitet, lernt viel von ihm.

Um zu meinem anfänglichen Gedanken zurückzukehren: Die Malerei ist ein Gestus im mittelalterlichen Sinn des Wortes, sie ist auf ihre Art ein inneres Epos, eine Annäherung an den Sinn. Wie könnte einen das Gerede der Welt zufrieden stellen oder wie könnte man sich gar daran beteiligen? Die Entscheidung meines Lebens traf ich nicht aus Misanthropie, sondern ich wählte die Einsamkeit, um das scheue Herz der Dinge zu erreichen, den engsten Knoten des Mysteriums. Weder Paris noch der Wettlauf um Ehrungen könnten dieses tiefe Verlangen erfüllen. Es bedurfte der herben Einsamkeit von Chassy, der Kargheit des Ateliers im Cour de Rohan, des nüchternen Stolzes von Montecalvello und der Zärtlichkeit von Rossinière, um das Werk zu schaffen, das mich nährt. Ich glaube, dass jede Sekunde meiner Zeit der Malerei gewidmet war. Ich habe immer in der Malerei gelebt. Das ist eine heilige und schicksalhafte Geschichte.

103

Ich glaube, am Ende der menschlichen Existenz erreicht man eine Essenz, eine Form der Einfachheit, die auf alle quälenden, intellektuellen Fragen verzichtet. Romantik und Qualen sind der Jugend eigen, alles löst und vereinfacht sich mit dem Alter, alles sammelt sich wie in den Ideogrammen der chinesischen Zeichen. Ein Tag ruft den nächsten, den ich erneut der Malerei widmen muss, der Fortsetzung der Arbeit, bis es Gott gefällt, mich zu sich zu rufen. So einfach ist das. Gott nimmt sich meiner an. Ich muss mich nicht um das Morgen sorgen. Kann weiter die Süße des Abends genießen, der über Rossinière hereinbricht, kann das leise Pfeifen des *Mob* hören, der sich durch die Berge schlängelt, und von der Quelle Mozarts trinken. Die Dinge verlieren mit der Zeit ihren herben Charakter, ihre Unebenheiten. Wir sehen sie anders, und manchmal entziehen sie sich unserem Blick. Die Verengung der Zeit, das Wenige, das sie verspricht, müssen wir in seiner Fülle annehmen, wir wissen, dass sie eng ist, diese Zeit, und zugleich weit und unendlich. Das ist das Paradox der Existenz. Vielleicht ist diese Unendlichkeit, die man mit dem Alter immer besser wahrnimmt, bereits die Vorahnung der Unendlichkeit Gottes, der andere Zeitbegriff, den er zwangsläufig einführt. Trotz der Wechselfälle und Zwänge des Alters sind viele

Dinge unwichtig geworden und machen dem Wesentlichen Platz. Wunderbare Verarmung, die gewissermaßen die Schlacke der menschlichen Existenz und der Zufälligkeiten des Lebens abwirft. Man muss in der friedlichen Erwartung der versprochenen Begegnung mit Gott sterben, in diesem Glanz, den die Malerei, daran habe ich keinen Zweifel, stets vorbereiten wollte. Denn Malen heißt sich nähern. Einem Licht. Dem Licht.

104

Ich liebe Picasso wegen dieses Lichts. In ständiger, anspruchsvoller Arbeit, die er allerdings anders ausführte als ich, wurde er zu dem, was ich in einem Brief an ihn den »Großen Fluss des nährenden, vernichtenden Feuers« genannt hatte. Er war derjenige, der die Malerei zu befreien vermochte, ihr dringend benötigte Lebensströme und Säfte zuführte, als sie in der großen Auflösung des Intellektualismus und der vergeblichen Abstraktion unterzugehen und zu sterben drohte. In Wirklichkeit waren wir einander sehr nah, auch wenn wir uns nicht oft sahen. Ich mochte seine hartnäckige, fiebernde, wütende und bilderstürmerische Suche. Er mochte an mir sicher das, was ich in seinen Augen verkörperte: meine Geduld, meine Einsamkeit, mein Schweigen und diese für ihn zu langsame Art des Vorwärtskommens. Als er 1941 *Die Kinder* kaufte, verstand ich sehr gut, weshalb seine Wahl gerade auf dieses Bild gefallen war: Es drückte eine Melancholie, ein Innehalten der Zeit aus, für die er eine tiefe Sehnsucht bewahrt hatte. Er spürte in der Tiefe des Bildes etwas vom Tod und von der Kindheit, zwischen denen in seinen Augen eine geheime Verbindung bestand. All dies gehörte zu der gemeinsamen Geschichte, die wir in unserem Werk teilten. Denn Picasso hat in seiner Leidenschaft nie etwas anderes gemalt als den tiefen Taumel der Zeit. Er hatte eine unermüdliche, sonnenerfüllte Art zu zerstören, um zu erreichen, zu verbrennen, um zu überwinden, zu provozieren, um wiederzufinden. Wir waren auf dem gleichen Weg, nur dass wir ihn unterschiedlich erforschten. Picasso war mir deshalb ein Bruder. Ich erinnere mich an einen Abend, den wir mit Laurence Bataille verbrachten, kurz nachdem Picasso *Die Kinder* gekauft hatte. Er hörte gar nicht auf, mir Komplimente zu machen, so viele, dass ich sie heute, obwohl ich mich an den Grundton erinnere, nicht mehr zu wiederholen vermag... In dieser Gesellenbruderschaft lebten wir damals, vor meinen großen Rückzügen, der großen Auseinandersetzung mit mir selbst: Chassy, Rom und das Pays d'En Haut.

105

Malen heißt, sich selbst zu verlassen, sich zu vergessen, die Anonymität über alles zu stellen und manchmal das Risiko einzugehen, nicht mit seinem Jahrhundert und den Seinen in Einklang zu sein. Man muss den Moden widerstehen, muss um jeden Preis an dem festhalten, was man selbst für gut befindet. Man muss pflegen, was ich wie die Dandys des neunzehnten Jahrhunderts »den aristokratischen Geschmack zu missfallen« nannte, muss das feine Vergnügen des Unterschiedes kennen, der einen zu beispiellosen, erstaunlichen Aufgaben ruft. Der Maler, zumindest so, wie ich ihn verstehe, hat alle Märkte, alle Tendenzen, jeden Snobismus gegen sich. Er steht außerhalb jeder Mode. Giacometti hatte das verstanden. Wenn sich die Maler des Cour de Rohan, die eine kleine Gemeinschaft bildeten, im *Café de Flore* oder im *Deux Magots* versammelten, ging Giacometti nicht mit. Er arbeitete die ganze Nacht und mir gefiel der Gedanke, dass der gute Alberto wachte, während Paris sich amüsierte oder schlief. Ein solches Lebenskonzept erlaubte es kaum, viel Geld zu verdienen. Doch war dies das Ziel? Ich wollte nicht nach dem »berühmten Trick« suchen, wie es manchmal mein eigener Sohn verlangte, um reich und berühmt zu werden. Der »Trick«, der das Vermögen bringen würde, hätte mich für immer einer bestimmten Kategorie zugeordnet, ich denke nur an Salvador Dalí, Buffet oder Vasarély, an ihre Karrieren mehr als an ihre Berufung. Sie haben Bilder geschaffen, die sich nach Lust und Laune kopieren lassen und die Erkenntnis keinen Zentimeter voranbringen. Denn Malen heißt zuerst etwas erfahren wollen und alles unternehmen, um zu enthüllen.

Ich habe mich nie um Berühmtheit gekümmert. Ich wusste nur, dass der Weg der Malerei zu den schwersten gehörte und dass es großer Geduld und Stille bedurfte, ehe diese Arbeit endlich anerkannt und akzeptiert wurde. Tatsächlich besaß ich während meiner Jugend die größte Gewissheit über meine mögliche Berufung als Maler. Sagte ich nicht während meiner Ferien in Beatenberg, als ich die Fresken in der kleinen Dorfkapelle ausgeführt hatte, zu allen, die sie besichtigten, dies sei »das Werk eines jungen Malers, der berühmt werden« würde?

Sorglosigkeit der Jugend, unschuldiges Lächeln ihrer Lippen!

106

Am meisten interessiert mich die Geburt, das Erwachen der Dinge, des Lebens. Es ging mir stets darum, die Geheimnisse der Kindheit zu malen. Dafür liebte ich Giacometti so sehr. Er gab mir das Maß der Dinge, vermittelte mir den richtigen Ton, der die Musik überträgt, Gesichter und Landschaften singen lässt. Dies ist meine einzige Suche, meine einzige Aufgabe. Es liegt kein besonderer Glanz in dieser Handwerksarbeit. Es ist ein dunkler, langsamer und stiller Weg. Deshalb finde ich es entsetzlich, wenn man mich als Künstler bezeichnet. Ich bin wie mein lieber Kapitän Haddock, der in diesem Wort eine Beschimpfung sah, die ihn noch schlimmer fluchen ließ!

Es gibt nichts außer den Pinseln, dem Kittel und diesem Bild. Das hat mein ganzes Leben gerechtfertigt. Weder Geld noch Berühmtheit haben mich je berührt. Außerdem sind meine Bilder jetzt auch zu teuer: Wie könnte ich sie bezahlen, da ich doch verschuldet bin und so zurückhaltend, wenn es darum geht, neue zu produzieren? Ich habe ein Leben gelebt, das manche als luxuriös bezeichnen könnten. Ich habe es mir ermöglicht, indem ich meine Bilder gegen einen Ort, an dem ich mich verwirklichen konnte, oder gegen Möbel tauschte. Montecalvello habe ich ausgestaltet, indem ich dem Dekorateur, der uns das Schloss so hübsch einrichtete, einige Zeichnungen gab.

Das Beste und das Wesentliche meines Daseins ist diese so zarte, so geheime, so intuitive Beziehung zum Bild. Das Bemühen um das Unsichtbare. Die vom Maler verlangte Mühsal.

107

Für eine Ausstellung in Peking schrieb ich 1995 einen Gruß an das chinesische Publikum. Ich bat es, mir mit Wohlwollen zu begegnen, denn was ich ihm zu sehen gab, war »die Arbeit eines Mannes, der versuchte, dem Chaos zu entkommen, das über das Ende des zwanzigsten Jahrhunderts herrschte«.

Vielleicht ist dies das Schlusswort, die Erklärung oder der Sinn, den man diesem Unternehmen geben soll, diesen Jahren, die mit absoluter Hingabe der Malerei geweiht waren: sich der Schönheit entgegenstrecken, Unglück und Leid verstoßen, die Unschuld der Kindheit wieder finden. Ein geheiligtes Werk vollbringen, da es darum geht, dem Chaos zu entkommen, dem Formlosen, das Gott am Anfang der Welt vorfand, und es modellieren, um das Einzige zu erreichen.

Vielleicht im Angesicht Gottes.

Das heißt im Angesicht all dessen, was er verkörpert: die Landschaft, den straffen Körper der Mädchen, die kaum gereiften Frühlingsfrüchte, die saftigen Bäume und die Zartheit schlafender Kinder. Ich weiß, dass diese Arbeit Erlösung und Heil sein muss. Deshalb habe ich es immer verabscheut, die schmerzhaften und unvermeidlichen Makel des Ich darzustellen. Der Maler ist nur ein demütiger Fährmann von

Bildern, ein gehorsamer Handwerker, der sie mehr oder weniger gut festzuhalten vermag.

Das ist seine Aufgabe. Darin liegt seine Vollendung.

PERSONENREGISTER

Abdy, Iya 81
Anna (Modell) 74
Apollinaire, Guillaume 7
Artaud, Antonin 7f., 44, 61, 76, 125, 168, 178, 201, 213, 224

Bach, Johann Sebastian 46, 117, 236
Bacon, Francis 173
Barrault, Jean-Louis 201
Bataille, Georges 187ff., 139, 224
Bataille, Laurence 254
Baudelaire, Charles 114, 121f., 163, 177, 198
Beethoven, Ludwig van 46
Bellini, Giovanni 199
Blake, William 127
Blanchot, Maurice 139, 187
Boileau, Nicolas 8, 53
Bonnard, Pierre 24, 40, 49, 51f., 86, 110, 137, 139, 193, 202, 228ff.
Bono (Sänger) 203
Braque, Georges 19, 114, 139, 150
Brassaï (Gyula Halász) 150
Breton, André 8, 89, 176, 187, 189, 219ff.
Brontë, Emily 109
Brueghel, Pieter 71
Buffet, Bernard 256
Burton, Richard 191
Byron, George Gordon Noël 127, 225

Camus, Albert 60, 133, 139, 178, 200f.

Carroll, Lewis 74, 125, 127
Cézanne, Paul 86, 93, 95, 117, 128, 221f., 228, 240
Chagall, Marc 24, 81
Char, René 32, 60, 125
Chardin, Jean-Baptiste Siméon 110, 121
Chirico, Giorgo de 150
Choiseul, Graf von 141
Cocteau, Jean 193
Colette (Modell) 35, 226
Colle, Pierre 150
Corot, Jean-Baptiste Camille 114, 128
Courbet, Gustave 71, 93, 110, 128, 189, 201, 216
Cranach, Lucas 135
Curtis, Tony 111

Dalí, Salvador 8, 87, 139, 256
Dante Alighieri 54, 85, 96, 125
Daumal, René 139
Daumier, Honoré 136
Davy, Marie-Madeleine 139
Delacroix, Eugène 28, 56, 93, 189, 198f., 236
Denis, Maurice 51f., 228
Derain, André 78, 130, 136, 139, 177, 193, 227
Drouet, Jean 52
Du Bellay, Joachim 64f.
Dufy, Raoul 150
Duras, Marguerite 119f.

Éluard, Paul 201

Fellini, Federico 59, 111–114, 156, 245
Forêts, Louis-René des 139
Fra Angelico 62, 166
Franz von Assisi 61
Frédérique (Nichte) 74, 101, 103, 141, 168 f.
Freud, Sigmund 105

Gaëtani, Prinzessin 32
Gere, Richard 111
Giacometti, Alberto 15, 30, 89, 130, 141, 145, 150, 185, 219 f., 247, 255, 257
Gide, André 51, 53, 228
Giotto 89, 236, 247
Goethe, Johann Wolfgang von 36, 99
Gracq, Julien 125
Green, Julien 60, 125
Guitton, Jean 139
Gulbinowicz, Kardinal 249

Hoffmann, E. T. A. 126
Holbein, Hans 135
Huang Gongwang 205
Hugo, Victor 5, 36, 99

Ideta, Setsuko 9, 10, 15, 21, 25 f., 36 ff., 50, 59, 64, 66, 68 f., 77, 101, 111, 115, 136, 152, 155, 159, 161, 163, 169, 181, 190, 202, 207, 244, 249
Ingres, Jean Auguste Dominique 127

Jacob, Max 150
Johannes Paul II. 61, 139
Johannes der Täufer 61
Johannes vom Kreuze 84, 125
Jouve, Pierre Jean 47, 50, 60, 125, 139, 143, 176 ff., 214, 224

Kahlo, Frieda 150
Katia (Modell) 74, 126
Klossowska, Baladine 51, 70, 137, 154, 207, 210, 230
Klossowski de Rola, Erich 95, 137
Klossowski de Rola, Pierre 51, 96, 132 f., 137, 167, 173, 188
Klossowska, Harumi 9, 25, 37, 39 f., 58, 207, 244
Klossowski, Stanislas 9, 156
Klossowski, Thadée 9, 149, 156

Laforgue, Jules 5
Lauwet 199
Le Nain (Brüder) 135
Leiris, Michel 132
Liu (Arzt und Diener) 25, 67, 125, 190
Lorenzetti, Pietro 199
Loti, Pierre 198
Lurçat, Jean 150

Magritte, René 8
Malraux, André 68, 81, 115, 201, 204 ff., 245
Mandiargues, Pieyre de 139
Martini, Simone 128
Masaccio (Tommaso di ser Giovanni Cassai) 6, 62, 89, 199, 236
Masolino di Panicale (Tommaso di Cristoforo) 62, 128
Matisse, Pierre 37, 139, 141, 143, 150, 210
Meister Eckhart 132
Mi Fu 205
Michaux, Henri 107 f., 125, 139, 187
Michelangelo Buonarotti 93
Michelina (Modell) 74
Miró, Dolores 79
Miró, Joan 79, 87 f., 171, 177

Mondrian, Piet 30, 217
Monet, Claude 228 ff.
Montaigne, Michel Eyquem de 123
Moreau, Gustave 86
Mouron-Cassandre, Familie 79
Mozart, Wolfgang Amadeus 33, 45–48, 60, 74, 121 f., 139, 155, 191, 207, 244, 248, 251
Musset, Alfred de 168

Noailles, Natalie de 74, 79, 82
Noiret, Philippe 111, 203

Parquet, Albert 51
Pascal, Blaise 32
Paulhan, Jean 102
Péguy, Charles 11, 247
Piaf, Edith 193
Picasso 6, 19 f., 78 f., 88 f., 95, 139, 150, 171, 193, 199, 212 f., 253 f.
Piero della Francesca 6, 22, 62, 86, 93, 117, 128, 166, 174, 193, 196, 199, 210, 216, 222
Platon 195
Poe, Edgar Allan 236
Poussin, Nicolas 23, 32, 51, 53, 64 f., 72, 89, 93, 109, 128, 146, 199, 201, 216, 240, 247
Proust, Marcel 211

Ramuz, Charles Ferdinand 57, 140
Rembrandt van Rijn 102
Reveski, Adam-Maxwell 192
Rey (Nachbar) 228
Rilke, Rainer Maria 22 f., 33, 43, 49, 51, 53 f., 70, 81, 83 f., 86, 96 ff., 102, 125, 140, 142 f., 214, 230, 233
Rimbaud, Arthur 76, 133

Rouault, Jean 81
Rousseau, Henri, der Zöllner 95
Rousseau, Jean-Jacques 32, 183
Roy, Claude 223
Russel, John 123

Sabine (Modell) 74
Saint-Exupéry, Antoine de 60, 135, 139, 178 f.
Saint-Exupéry, Consuelo 139, 178
Savoyen, Prinz von 159
Schubert, Franz 74
Segalen, Victor 140
Sheila (Modell) 44
Shitao 161, 172, 195, 246
Skira, Rosabianca 79
Soutine, Chaïm 150
Stendhal (Henri Beyle) 40
Stone, Sharon 111

Tàpies, Antonio 171 f., 177, 193
Teiresias 6
Teresa von Avila, Heilige 125
Thérèse von Lisieux, Heilige 245
Tieck, Ludwig 125
Tzara, Tristan 32

Uhde, Wilhelm 95

Vasarély, Victor 217, 256
Velasquez, Diego 102
Vermeer, Jan 37
Vernet, Horace 39
Vogüé, Familie 55
Voltaire (François Marie Arouet) 36

Wang Wei 96
Watteville, Antoinette de 72, 149, 180

Die Originalausgabe erschien 2001 unter dem Titel
»Mémoires de Balthus – Recueillis par Alain Vircondelet«
bei Éditions du Rocher, Paris

Der Ullstein Berlin Verlag ist ein Unternehmen
der Econ Ullstein List Verlag GmbH & Co. KG

Alle Rechte vorbehalten
© Éditions du Rocher 2001
© für die deutsche Ausgabe 2002 by
Econ Ullstein List GmbH & Co. KG, München
Gesetzt aus der Aldus
Satz: Dörlemann Satz, Lemförde
Druck und Verarbeitung: Clausen & Bosse, Leck
Printed in Germany 2002
ISBN 3-89834-050-3